Matěj Černy | Marie Peřinová

111 luoghi di Praga che devi proprio scoprire

111

emons:

Titolo originale dell'opera
111 Orte in Prag, die man gesehen haben muss

I edizione italiana: gennaio 2019
Fotografie: © Matěj Černy, Marie Peřinova, eccetto
BoysPlayNice (scheda 86); Česka spořitelna, a. s. (scheda 12);
Michal Čižek (schede 3, 6, 9, 10, 13, 17, 27, 28, 39, 37, 38, 44, 46,
47, 49, 51, 55, 56, 60, 62, 65, 70, 72, 73, 87, 88, 97, 102, 103, 108);
Jan Hrdý, Corrupt Tour (scheda 27); Pragulic (scheda 79);
Tomaš Souček, MeetFactory (scheda 56)
Immagine in copertina: fotolia.com/Roman Vukolov
Traduzione dal tedesco: Barbara Orlandini, Barbara Venturi
Progetto grafico: Eva Kraskes, da un'idea
di Lübbeke | Naumann | Thoben
Cartografia: altancicek.design, www.altancicek.de
Informazioni di base sulle mappe: Openstreetmap,
© OpenStreetMap-Mitwirkende, ODbL
Stampato presso: CPI – Clausen & Bosse, Leck
Printed in Germany 2019
ISBN 978-3-7408-0367-4

Distribuito da
Emons Italia Srl
via Amedeo Avogadro 62
00146 Roma
www.emonsedizioni.it

Premessa

Città delle cento torri, città d'oro, città magica, mammina con gli artigli o semplicemente *matka měst*, madre delle città: nel corso dei secoli alla capitale ceca sono stati dati molti soprannomi, ognuno dei quali corrisponde al tentativo di coglierne il fascino unico. La bellezza, la storia, l'atmosfera inconfondibile di questa città attirano da sempre folle di visitatori.

Su Praga si trovano migliaia di informazioni – si tratti di libri, blog o siti web – ed esistono guide turistiche e agenzie specializzate in aspetti particolari: dall'architettura funzionalista ai luoghi associati alla corruzione. La biblioteca comunale ha addirittura riservato alla città un'apposita sezione chiamata "Pragensia".

Chiunque si accinga a inserire una nuova tessera in questo vasto mosaico dovrà necessariamente interrogarsi sull'originalità del proprio contributo. Da parte nostra l'intento era da un lato suscitare nei lettori un interesse per luoghi ignorati dalla maggior parte delle guide turistiche come da molti praghesi, dall'altro compilare una guida che fosse la più varia possibile. Ecco perché le proposte vanno dal venditore di strudel al pub in cui rilassarsi in mezzo a orti ben curati; dalla gita in bici tra i casermoni della Praga socialista agli scantinati in cui i nazisti torturavano i prigionieri; dalle case cubiste agli edifici funzionalisti. Questa guida è destinata sia a chi visita Praga per la prima volta sia ai conoscitori più esperti: se i primi scopriranno cose nuove, gli altri troveranno un particolare interessante o una prospettiva insolita. Chiaramente, la scelta è soggettiva: i luoghi da visitare a Praga non sono solo 111, ma molti, molti di più. Quindi, se il libro che avete in mano vi spingerà non solo a scoprire – o riscoprire – gli angoli da noi proposti, ma anche a trovarne di nuovi, questo sarà per noi motivo di orgoglio.

111 luoghi

TTTM SAPA

Café Lajka

1 U Apolinář

Una clinica dal look gotico

Se arrivate qui in una cupa giornata di novembre la scura silhouette di questo edificio potrebbe farvi venire i brividi: puro romanticismo "dark". Al contrario di ciò che si potrebbe immaginare invece, da quasi un secolo e mezzo, molti praghesi vivono qui i loro momenti più felici. La clinica di maternità U Apolinář è una delle prime del suo genere, e anche se oggi dispone delle più moderne attrezzature non è difficile immaginarla come il set ideale per un film su Oliver Twist.

In precedenza il centro di maternità con annesso brefotrofio per i poveri, costruito nel 1789, si trovava non lontano dalla chiesa di Sant'Apollinare. Nell'Ottocento il comune decise di costruire un nuovo ospedale e affidò a Josef Hlávka – già architetto dell'Opera di Vienna – l'incarico di costruire un edificio non tanto bello quanto funzionale. Gli ambienti sanitari dovevano per quanto possibile ostacolare il diffondersi delle infezioni – all'epoca non si sapeva che la febbre delle puerpere era causata principalmente dalla scarsa igiene delle ostetriche. A questo scopo Hlávka utilizzò mattoni non intonacati, considerati il materiale più adatto a prevenire il contagio, e progettò una struttura articolata in sei padiglioni che potevano essere isolati in caso di epidemia.

Dalla sua inaugurazione nel 1875, la più grande clinica di maternità europea ha fatto partorire donne di ogni ceto sociale. Nel caso di gravidanze impreviste, le donne potevano entrare da un ingresso laterale e dare alla luce i propri figli in uno dei due reparti privati.

Degno di nota è l'atrio, dove sarete accolti dalla statua in legno di una donna incinta in camicia da notte, collocata in uno spazio luminoso coperto da una volta sostenuta da archi. Attraverso la porta a vetri si accede all'accogliente cortile interno: un'atmosfera molto diversa da quella spettrale dell'esterno.

A proposito, non c'è bisogno di essere in dolce attesa per fare un salto qui.

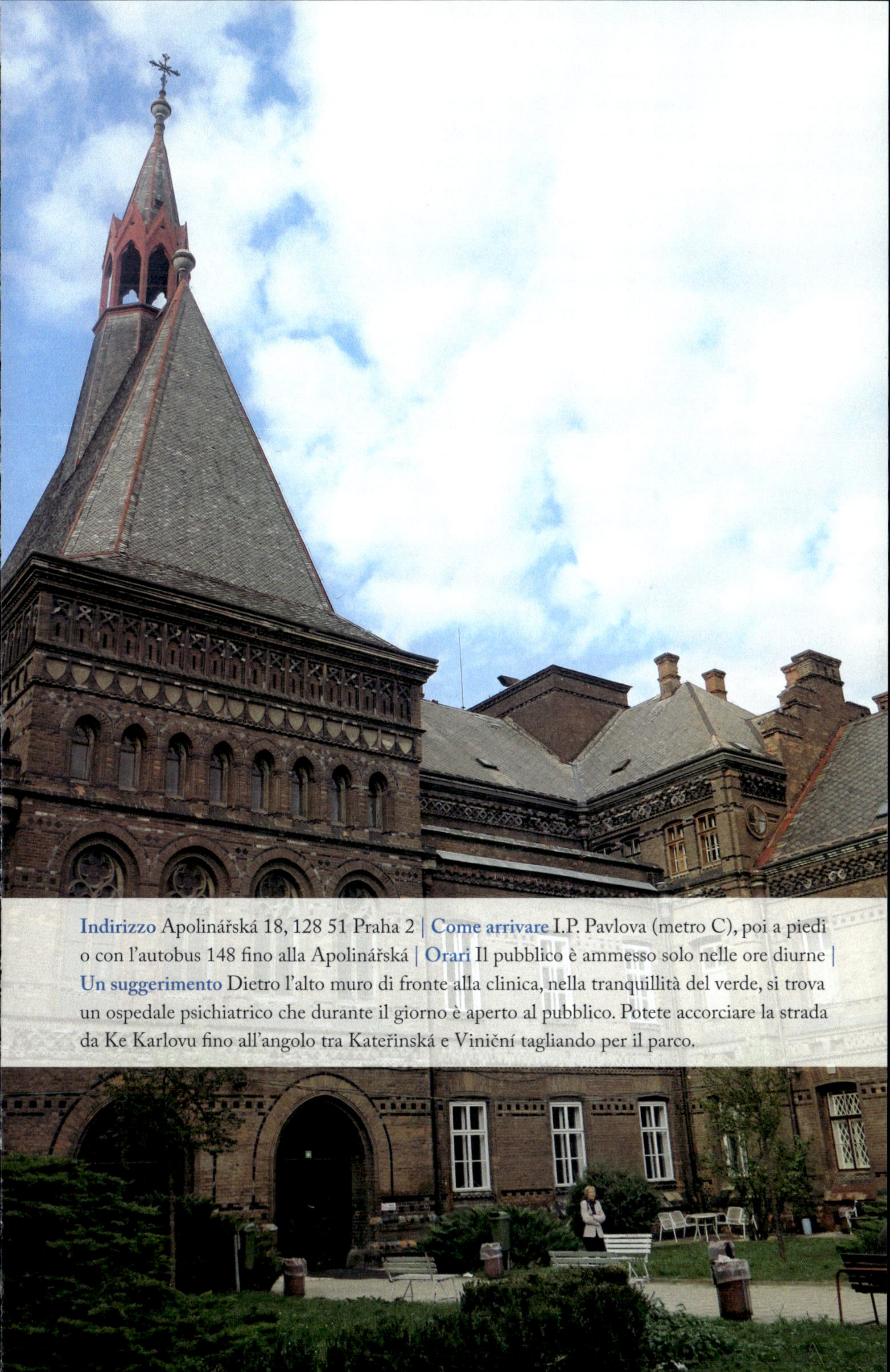

Indirizzo Apolinářská 18, 128 51 Praha 2 | **Come arrivare** I.P. Pavlova (metro C), poi a piedi o con l'autobus 148 fino alla Apolinářská | **Orari** Il pubblico è ammesso solo nelle ore diurne | **Un suggerimento** Dietro l'alto muro di fronte alla clinica, nella tranquillità del verde, si trova un ospedale psichiatrico che durante il giorno è aperto al pubblico. Potete accorciare la strada da Ke Karlovu fino all'angolo tra Kateřinská e Viniční tagliando per il parco.

2 Banchina di Sir Winton

Sfuggiti all'inferno di Auschwitz

Hana Kleinerová aveva appena dodici anni quando, il 31 luglio 1939, salì con sua sorella sul treno in partenza da Praga e diretto a Londra. I genitori le salutarono con la promessa di rivedersi presto, ma non fu così perché entrambi morirono ad Auschwitz. Sulla banchina n. 1 c'è un piccolo monumento in ricordo di ciò che accadde alle due ragazzine e ad altri bambini, salvati poco prima della Seconda guerra mondiale grazie alla lungimiranza dei genitori e al giovane broker inglese Nicholas Winton. Oggi molti conoscono la sua storia, ma per quasi cinquant'anni nessuno seppe niente di quest'uomo che organizzava i viaggi dei bambini cecoslovacchi verso l'Inghilterra, dove trovavano ad aspettarli delle famiglie affidatarie.

La stessa moglie Greta lo seppe per caso, quando trovò in soffitta una valigia contenente una lista di nomi di ebrei. Decise di consegnare i documenti contenuti in quella valigia a Elisabeth Maxwell, una studiosa di storia che nel 1988 fece in modo che Winton venisse invitato a una trasmissione della BBC. In questa occasione raccontò per la prima volta in pubblico la sua decisione di andare a Praga per aiutare un'organizzazione umanitaria che si occupava di far emigrare gli ebrei e gli altri perseguitati. Si specializzò nell'aiutare i bambini, per i quali cercava famiglie inglesi che li adottassero e gestiva le necessarie formalità burocratiche. Otto furono i treni che da Praga partirono verso Londra con a bordo bambini in prevalenza ebrei, per un totale di 669 vite salvate.

Al termine della trasmissione della BBC, gli uomini e le donne che aveva salvato si alzarono in piedi intorno a Nicholas Winton, una delle immagini più emozionanti nella gloriosa storia dell'emittente. In una sola notte il futuro Sir Winton divenne un eroe. Dal 2009 la stazione centrale di Praga ospita la scultura in bronzo che raffigura lui e due dei "suoi" bambini. Il monumento è dedicato a chi si è salvato, ma anche ai 15.131 bambini cechi e slovacchi morti nei lager nazisti.

Indirizzo Stazione centrale, banchina n. 1, Wilsonova 300/8, 110 00 Praha 1 | **Come arrivare** Hlavní nádraží (metro C) | **Un suggerimento** La scultura di bronzo si trova proprio davanti alla Sala del regno, una meravigliosa sala d'attesa in stile liberty, costruita per i viaggiatori più importanti e che attualmente può essere affittata per eventi aziendali. È aperta al pubblico ogni anno in autunno durante le Giornate del Patrimonio Europeo.

3 In memoria di Bertha

Giù le armi!

Quanti premi Nobel può vantare la Repubblica Ceca? Molti penseranno allo scrittore Jaroslav Seifert o al chimico Jaroslav Heyrovský; altri a Václav Havel, o all'inventore delle lenti a contatto Otto Wichterle – anche se nessuno dei due ha ottenuto l'ambìto riconoscimento. In una nicchia del Palazzo Kinský sulla piazza della Città Vecchia è appesa una targa in rilievo con un nome che nella Repubblica Ceca è stato praticamente dimenticato: quello di Bertha von Suttner, fondatrice del movimento pacifista e prima donna a ricevere il Nobel per la pace nel 1905.

Fin dal Settecento il grande palazzo apparteneva ai Kinský, una famiglia di antica nobiltà boema. La piccola Bertha non vi abitò per molto. Il padre Franz morì prima della sua nascita e poiché la madre apparteneva a un rango inferiore, il clan dei Kinský non la vedeva di buon occhio. Ben presto Bertha si trasferì a Brno, poi a Vienna e infine in Georgia con il marito Arthur von Suttner. Qui durante la guerra tra Russia e Turchia prestò servizio negli ospedali militari, divenne una fervente pacifista e scrisse uno dei più celebri romanzi contro la guerra: *Giù le armi!*

Bertha fu segretaria e amica di Alfred Nobel; fondò la Società austriaca per la pace e si impegnò per l'istituzione della Corte internazionale di giustizia dell'Aia. Anticipando gli eventi, disse che il prossimo conflitto sarebbe stato peggiore di qualsiasi altro avvenuto in precedenza. Per sua fortuna non visse abbastanza per assistere allo scoppio della Grande Guerra: morì il 21 giugno 1914, una settimana prima dell'assassinio dell'erede al trono austro-ungarico Francesco Ferdinando.

Durante la sua vita Bertha von Suttner ebbe anche molti detrattori, alcuni dei quali la soprannominarono "la Grande Bertha": lo stesso nomignolo – stavolta dovuto alla proprietaria della ditta Krupp che lo produceva – fu affibbiato a uno dei cannoni più potenti usati durante la Prima guerra mondiale.

Indirizzo Staroměstské náměstí 12, 110 15 Praha 1 | Come arrivare Můstek (metro A, B), poi a piedi lungo Na Můstku e Melantrichova fino a Staroměstské náměstí | Un suggerimento Nel febbraio 1948, dal balcone di Palazzo Kinský il presidente Klement Gottwald tenne il suo celebre discorso di insediamento. Nella foto originale il futuro ministro degli Esteri Vladimír Clementis è in piedi accanto a lui, mentre nelle riproduzioni successive la sua figura non compare più: venne cancellata dopo il suo arresto e la successiva condanna a morte nell'ambito della lotta contro il "nemico interno".

4_ Bio Oko

Il cinema che non avrebbe dovuto esserci

Agli amanti dell'arte cinematografica Praga offre una scelta più che dignitosa di sale che propongono film d'autore. Anche se il Bio Oko non è antico quanto il Ponrepo, né centrale come lo Světozor e neppure famoso come l'Aero a Žižkov, vale comunque la pena di visitarlo, anche solo dall'esterno.

Già l'imponente insegna con la scritta al neon fa capire che il Bio Oko qualche annetto sulle spalle ce l'ha. Gli interni poi sono la testimonianza di un'epoca in cui le multisale non esistevano e nemmeno le folle di spettatori che, muniti del loro sacchetto di popcorn, masticano a più non posso. Eppure il Bio Oko non è uno spazio conservato come un'antica reliquia, al contrario: nelle prime due file, al posto dei consueti sedili troverete sedie a sdraio e poltrone degli anni Settanta.

Se per motivi puramente tecnici è impossibile dare al pubblico l'emozione di prendere posto su una Trabant Cabrio fiammante, la direzione ha comunque promesso di ampliare al più presto la gamma di posti alternativi. Girano voci di una sedia ginecologica…

Oltre a una ricca programmazione, il cinema organizza esposizioni ed eventi meno tradizionali, come ad esempio il brunch domenicale accompagnato da un buon film. In queste occasioni il foyer al piano di sopra si trasforma in un bar in cui la gente del quartiere si dà appuntamento volentieri per fare due chiacchiere.

L'edificio funzionalista che ospita il Bio Oko fa parte di un isolato costruito alla fine degli anni Trenta. Il progetto, ideato da due giovani architetti, prevedeva inizialmente due fabbricati separati con uno spazio libero al centro. Ma un complesso simile era troppo rivoluzionario per l'epoca. Così l'edificio sulla via Františka Křížka, dove nel frattempo ha trovato spazio il cinema, è stato costruito come un unico corpo di fabbrica.

In breve, il Bio Oko deve la sua esistenza al fallimento della rivolta contro le convenzioni edilizie del passato.

Indirizzo Františka Křížka 15, 170 00 Praha 7; www.biooko.net | **Come arrivare** Kamenická (tram 1, 8, 12, 25, 26), a piedi per un tratto della Milady Horákové, poi a sinistra sulla Františka Křížka | **Orari** Vedi il programma del cinema | **Un suggerimento** Un altro celebre caffè a Letná è il Bistro 8, Veverkova 8. La qualità della cucina corrisponde alla raffinatezza del design? Fateci un salto e potrete dire la vostra.

5 La birreria della stazione

Dove va a bere la democrazia

Il grande scrittore Bohumil Hrabal raccontava la storia di un primo ministro francese rimasto profondamente colpito dall'atmosfera della birreria U Zlatého tygra, in cui giudici e politici sedevano accanto a barbieri e imbianchini. In questa mescolanza di classi sociali il politico francese vide – e ammirò – l'essenza della democrazia ceca.

Oggi la rinomata birreria nella parte vecchia della città è diventata fin troppo famosa, ma se volete vivere un'esperienza simile, andate al ristorante Dejvické Nádraží alla stazione, noto semplicemente col nome di Nádražka. Dove trovare l'umanità più variegata se non alla stazione?

Accanto ai passeggeri in attesa ci sono studenti, tifosi dello Sparta Praha, impiegati che bevono un bicchiere dopo il lavoro, ragazze al computer e signori che leggono.

C'è anche la birreria all'aperto dove ci si può accomodare all'ombra dei castagni oppure ai tavolini collocati direttamente sotto le tettoie delle banchine. L'edificio della stazione, che risale al 1871, a volte ospita insoliti gruppi musicali. Gli spazi sotto gli alti soffitti neorinascimentali sono decorati in stile punk-surrealista: spicca tra tutti il volto del leggendario commentatore televisivo Miloš Frýba che con il suo sorriso semiserio sembra controllare chi è incline agli eccessi alcolici.

È possibile anche mangiare qualcosa o prendere una bibita analcolica per poche corone, ma sappiate che l'attrazione principale restano i prezzi praticati per tutt'altro tipo di bevande: gli shot ad esempio, partono da dieci corone e anche la birra è venduta a prezzi davvero competitivi. Magari la qualità non sarà delle migliori, ma vi sconsigliamo di discuterne con il proprietario: come spesso capita in posti simili, non è esattamente la cortesia fatta persona.

Visto l'ambiente, è piuttosto ironico che il binario di fronte ospiti un treno nel quale è allestita una mostra interattiva contro la droga destinata ai più piccini.

Indirizzo Ristorante Dejvické Nádraží, Václavkova 1, 160 00 Praha 6 | **Come arrivare** Hradčanská (metro A), poi proseguite lungo le vie Dejvická e Václavkova | **Orari** Tutti i giorni dalle 9 alle 24, per contatti e prenotazioni www.nadrazka.cz | **Un suggerimento** Se volete sperimentare altri locali originali, prendete il treno e in nove minuti sarete a Masarykovo nádraží, dove troverete il Bistro Flip. Vendono solo birra in bottiglia ed è aperto dalle 7 alle 20. Pagando due corone in più potrete sedervi a un tavolo, ma solo se amate le esperienze estreme!

6_ Blanka

Il "tunnel" perfetto

Un tunnel non è altro che un foro scavato nel terreno, direte. Giusto, ma *questo* non è un tunnel come tanti. Con i suoi 5,5 chilometri, è la più lunga galleria stradale urbana d'Europa e poiché si immette direttamente in un altro sistema di strade sotterranee permette di percorrere ben 8,5 chilometri passando sotto il centro di Praga.

Diversi primi cittadini hanno avuto i loro bei problemi a spiegare ai praghesi i disagi causati dalla realizzazione del progetto. Nel 2008, quando i lavori provocarono l'apertura di un gigantesco cratere nel parco Stromovka, il sindaco Pavel Bém disse che "qualcosa del genere poteva capitare". Cinque mesi dopo ricapitò esattamente la stessa cosa; nel 2010 un terzo incidente, non molto lontano da lì. Per fortuna non vi sono mai stati né morti né feriti.

Il nuovo sindaco, Tomáš Hudeček, dopo aver esaminato gli incartamenti, dichiarò il tunnel una costruzione abusiva, il che portò all'interruzione dei lavori. Secondo Adriana Krnáčová, che subentrò a Hudeček nel ruolo di prima cittadina, la struttura era semplicemente stata progettata da un "completo idiota".

Fatto sta che il tunnel è stato aperto quattro anni più tardi del previsto e con un costo da capogiro: 43 miliardi di corone, più di un miliardo e mezzo di euro.

Nel 1989 una nuova parola era entrata nel vocabolario dei cechi: *tunelování*, che alla lettera significa "fare un tunnel", ma a livello figurato indica "ordire oscure macchinazioni finanziarie per erodere dall'interno il patrimonio di banche e aziende". Da anni ormai nelle birrerie di Praga si mormora che Blanka sia il "tunnel" per eccellenza. Alla fine anche l'analisi condotta da uno studio legale internazionale ha stabilito che il mega progetto è il frutto di una convergenza perversa tra business e politica. Così, poco prima dell'inaugurazione del tunnel nel 2015, Metroslav – la società leader dell'edilizia ceca – ha tappezzato la città di manifesti che proclamavano: "Blanka non è un tunnel!"

Indirizzo Complesso di tunnel Blanka, Praga; www.tunelblanka.info | Come arrivare In auto da Malovanka o Pelc-Tyrolka, in entrambi i casi andate dritti e prendete la sotterranea | Un suggerimento Se vi piacciono le grandi infrastrutture urbane, non perdete la vista del nuovo ponte sulla Moldava a Troja, vicino all'ingresso nord del tunnel.

7 U Budyho

L'eredità dei capelloni

Più che un mondo a sé, come viene spesso definita, la brasserie U Budyho è un insieme di mondi che qui s'incontrano e convivono in un modo tutto speciale.

Il locale appartiene a Petr Placák, figura chiave del movimento di opposizione della fine degli anni Ottanta, dichiarato illegale dal regime. Giornalista e scrittore, Placák ha suonato nella celebre band underground dei Plastic People of the Universe, organizzato dimostrazioni e dato vita, nel 1988, a un'iniziativa apertamente critica nei confronti del regime. Oggi pubblica la rivista *Babilonia*, dedicata all'influenza del comunismo sulla società ceca contemporanea. Dal 2010, U Budyho è la sede non ufficiale del giornale.

Il locale è circondato su tre lati da orti comunali. Per ironia della sorte, durante il processo di "normalizzazione", all'indomani della Primavera di Praga, questi piccoli terreni dati in concessione ai cittadini perché se ne prendessero cura erano diventati il simbolo del ritiro dei cecoslovacchi in una sorta di esilio interiore. Una dimensione che era nettamente agli antipodi dello spirito e delle attività dell'opposizione.

Oggi invece, persone con l'hobby dell'orticoltura ed ex oppositori convivono pacificamente: i terreni ben curati si susseguono ordinati e circondano l'ampio appezzamento di proprietà del locale – dove si vede che la falciatura è proprio l'ultimo dei pensieri – in cui si organizzano concerti, letture e partite di calcio-tennis.

Un giorno forse anche gli abitanti dei lussuosi condomini in via di costruzione nelle vicinanze saranno attratti dall'atmosfera casual del locale con le panche rustiche sotto il tetto di lamiera, l'insieme eterogeneo di tavoli e sedie provenienti da chissà dove e i servizi igienici a dir poco originali.

A occuparsi di ogni cosa è l'oste soprannominato Red Ruda, un ex minatore ingaggiato dallo stesso Placák che venne ad abitare qui quando si trovò senza più un tetto sulla testa.

Indirizzo Menclova, 180 00 Praha 8 | **Come arrivare** Libeňský most (tram 1, 6, 14, 25), davanti alla fermata del tram, una scala conduce giù alla Libeňský ostrov; di qui proseguite dritto fino alla Residenz Dock. Lì di fronte c'è un piccolo sentiero che dalla Menclova raggiunge U Budyho | **Orari** Lun-ven 14-22, sab, dom 11-22; l'orario di chiusura dipende dall'affluenza dei clienti | **Un suggerimento** Un po' prima, in direzione di Libeňský most si trova lo studio di architettura e design Olgoj Chorchoj; le statue che lo circondano, ispirate principalmente al tema dello sport, sono opera dello scultore ceco Zdeněk Němeček.

8 Il caffè nel mulino

L'hotspot della politica sulla Moldava

Il presidente Miloš Zeman prendeva in giro i suoi avversari politici chiamandoli "il caffè di Praga", mentre i suoi detrattori lo accusavano di considerare pigri bohémien tutti coloro che la pensavano in modo diverso da lui. Zeman comunque non faceva riferimento a un generico gruppo di oppositori, ma a un caffè vero e proprio che era da tempo una spina nel fianco: il Kavárna Mlýnská sulla tranquilla e graziosa isola di Kampa.

Non stupitevi: se di giorno è un comune caffè, di sera si trasforma in un'arena politica. Qui infatti c'è la sede non ufficiale dei sostenitori di Karel Schwarzenberg, sconfitto da Zeman alle elezioni presidenziali del 2013 soltanto per pochi voti. Mentre il presidente è da sempre vicino alla Russia, qui si è dato vita a un'iniziativa per appoggiare le basi militari americane nella Repubblica Ceca. Anche l'ex segretario di stato americano Condoleezza Rice è stata qui e non mancano altri volti famosi, rappresentati dall'eccentrico artista David Černý.

È facile riconoscere il caffè dalla ruota di mulino che gira nella Čertovka (in italiano, "canale del diavolo"), un braccio della Moldava che separa Kampa dalla terraferma. Il locale è chiamato dai suoi frequentatori anche Mlejn (mulino, appunto) o Da Kotas, comproprietario e anima del *kavárna*. Ascolterà volentieri le vostre lodi del caffè, prodotto dalla torrefazione Mama Coffee, e insieme alla birra vi servirà *hermelin* in salamoia, prodotto artigianalmente da un'azienda di diversamente abili subito fuori Praga. Questo formaggio molle non manca mai accanto alla birra, ma si accompagna bene anche al vino.

Se arrivate dopo le dieci di sera, all'ingresso incontrerete un uomo anziano che vi pregherà di non far rumore. Di giorno è il custode dell'orchestra all'Accademia di musica di Praga e di notte si occupa di vegliare sul sonno del fratello dell'ex ambasciatore ceco negli Stati Uniti, comproprietario della casa al piano di sopra.

Indirizzo Všehrdova 449/14, ingresso attraverso il parco di Kampa, 118 00 Praha 1; tel. 257313222 | **Come arrivare** Újezd (tram 9, 12, 15, 20, 22) dalla fermata andate a piedi sull'isola di Kampa, il caffè si trova a circa 80 metri sulla sinistra | **Orari** 12-24 | **Un suggerimento** Qui troverete soprattutto stuzzichini per accompagnare la birra o il vino, ma se volete mangiare sul serio, allora è meglio andare al ristorante uzbeco all'inizio dell'isola, il Samarkand.

9 La cappella di Betlemme a Žižkov

Un gioiello cubista nel cortile di casa

Sentendo parlare di "cappella di Betlemme" la maggior parte della gente pensa alla Città Vecchia e a Jan Hus. Pochi sanno che a Praga esistono due cappelle con questo stesso nome. La meno nota – al punto che spesso neanche gli abitanti della zona la conoscono – è nascosta nel cortile di un caseggiato a Žižkov ed è la più antica e originale tra le due, soprattutto a causa degli interni ispirati a forme cubiste.

Nel 1914 la comunità evangelica di Žižkov era in espansione e decise perciò di acquistare una casa a schiera sulla Prokopova e di utilizzare lo spazioso cortile per costruirvi un tempio. In quel momento questa era l'unica cappella di Betlemme a Praga, visto che la chiesa in cui aveva predicato Jan Hus era stata demolita già nel Settecento e solo nel 1950-1952 venne ricostruita dal regime comunista.

Anche la cappella di Žižkov rischiò di essere demolita nel quadro della ristrutturazione dell'intera zona per trasformarla in quartiere operaio. Grazie al parroco, nel 1975 la struttura venne posta sotto tutela e quindi salvata. L'interno è sorprendente: l'edificio grigio ideato dall'architetto Emil Králíček unisce elementi Jugendstil e cubisti, compreso il tipico motivo a stella presente sul pulpito e sotto l'organo. La parete colorata è stata realizzata nel 1992 da un gruppo di studenti dell'Accademia d'arte. Un'altra novità sono le pregevoli lampade che pendono dal soffitto, originariamente destinate alla cattedrale di Vyšehrad.

La cappella è di proprietà della Chiesa evangelica dei Fratelli boemi. Per gli amanti della musica, i concerti d'organo non sono l'unica attrazione di questo luogo in cui, secondo la leggenda, si sarebbero esercitati i Plastic People of the Universe. Quel che è certo è che qui incontrarono Jiří Šula, futuro batterista della storica rock band ceca.

Indirizzo Prokopova 216/4, 130 00 Praha 3 | **Come arrivare** Florenc (metro B, C); Tachovské náměstí (autobus 133, 175, 207) | **Orari** Non ha orari fissi, ma è comunque aperta al pubblico; nel caso in cui fosse chiusa, suonate il campanello. È possibile parlare con il parroco previo appuntamento: www.zizkov1.evangnet.cz | **Un suggerimento** Sulla Prokopovo náměstí si trova l'originale della statua equestre di Jaroslav Hašek, autore del leggendario "Soldato Svejk", realizzata dal celebre scultore Karel Nepraš e dalla figlia Karolína che l'ha completata dopo la sua morte.

10_La casa di Havel

Qui il presidente dormiva dietro le sbarre

Dal 2013 chi arriva a Praga in aereo sbarca all'aeroporto Václav Havel. Oltre a questo però non ci sono strade o edifici intitolati a quello che è stato senz'altro il ceco più influente della seconda metà del secolo scorso. Questo si deve probabilmente al fatto che già troppi siti urbani hanno cambiato nome negli ultimi cento anni.

Nel corso del tempo tuttavia è stata più volte avanzata la proposta di intitolare a Havel la banchina di Rašín, tra i ponti Jirásek e Palacký. Qui, al civico 78, il dissidente dell'allora Cecoslovacchia trascorse la maggior parte della sua vita. L'edificio fu costruito nel 1905 da suo nonno e reca l'impronta inconfondibile del costruttore: stucchi, logge spaziose e finestre tripartite. A questo indirizzo la famiglia Havel vive da più di un secolo.

Anche Václav ha vissuto qui fino al 2003, quando si trasferì in una villa a Dejvice. Nel suo appartamento al terzo piano venne redatta la Charta 77, il documento che diede inizio all'omonimo movimento; sempre qui nel 1989 fu fondato il Forum civico. L'abitazione di Havel era controllata giorno e notte dai telescopi della stazione di osservazione installata nella vicina Torre dell'acqua.

In questa casa Havel e l'amico architetto Vlado Milunić sognarono insieme di poter realizzare a Praga un edificio progettato da Frank Gehry: la Casa danzante, costruita poco lontano nel 1996. Milunić, che era un vicino di Havel, ristrutturò il suo appartamento già prima della Rivoluzione di velluto. Per far sentire più a suo agio il futuro presidente – che passava molto tempo dietro le sbarre – decise di dividere il soggiorno dallo studio con una grata, dietro la quale sistemò un semplice letto.

Una curiosità: prima l'aeroporto di Praga si chiamava solo Ruzyně, proprio come il carcere in cui il dissidente veniva regolarmente rinchiuso.

Con il suo particolare senso dell'umorismo, Havel (il quale tra l'altro aveva paura di volare) ne sarebbe stato molto divertito.

Indirizzo Rašínovo nábřeží 2000/78, 120 00 Praha 2 | **Come arrivare** Jiráskovo náměstí (tram 5, 17 o autobus 176) | **Orari** La casa si può vedere solo dall'esterno | **Un suggerimento** La vineria Na Rybárně, sulla Gorazdova ulice, è strettamente legata al nome di Havel; qui, soprattutto durante la Rivoluzione di velluto, si svolsero molte importanti riunioni. Oggi al suo posto c'è un ristorante vietnamita che ha conservato le decorazioni marittime originali.

11_La casa di tronchi

Una dimora romantica in mezzo alla città

Sui Monti dei Giganti o sulle Alpi nessuno si stupirebbe, ma imbattersi in una casa di tronchi d'albero qui a Vinohrady, a due passi dal centro, è quantomeno insolito. Che cosa ci fa questo edificio in puro stile alpino in mezzo a condomini e nuove costruzioni?

La casa è stata costruita dal direttore delle miniere di Kladno, Josef Janeček, tra il 1921 e il 1922, quando Královské Vinohrady era la quarta città della Boemia. A quale modello si sia ispirato Janeček non si sa, ma subito dopo aver completato la casa in stile alpino la vendette all'industriale Richard Dubský, prozio dell'attuale proprietario.

Non si tratta certo di un modesto cottage tra i boschi: l'edificio a tre piani con le finestre dai telai rossi dispone di venti camere e di un seminterrato dotato delle più sofisticate tecnologie per la casa. Durante la Seconda guerra mondiale fu adibito ad alloggio della Gioventù hitleriana e poi divenne la residenza degli studenti provenienti dall'Arabia Saudita e dall'Africa che frequentavano con profitto la celebre Università Carolina. In seguito ha ospitato gli uffici dell'Istituto prognostico dell'Accademia delle scienze e della Scuola superiore di economia.

Purtroppo, adesso che la villa è di nuovo in mano ai privati i visitatori non possono ammirare i cuori intagliati che ornano le ringhiere, né i pannelli di legno che coprono i termosifoni.

C'è anche il rischio che tra un po' l'edificio non sia più visibile dalla strada. Oggi la sua presenza contribuisce all'atmosfera romantica della Nuselské schody (la scalinata di Nusle) con le inferriate verdi, le file di alberi e la piccola piazza. Il proprietario infatti vuole utilizzare una parte del giardino incolto al di sopra della villa per costruirvi un grande edificio residenziale e vendere o affittare gli appartamenti.

Questo gli permetterebbe certamente di disporre del denaro necessario alla ristrutturazione della casa ormai fatiscente, ma l'identità del luogo sarebbe irrimediabilmente compromessa.

Indirizzo Pod Zvonařkou 1746/7 o Pod Nuselskými schody 1746/7, 120 00 Praha 2 | **Come arrivare** Nuselské schody (tram 6, 11, 13) | **Un suggerimento** Sull'altro lato della scalinata c'è la piccola cappella barocca della Sacra Famiglia risalente al 1755. Nel secolo scorso era caduta in uno stato di abbandono tale da dover essere demolita. Un gruppo di volontari è invece riuscito a salvarla dalla rovina e la struttura è stata poi restaurata dalla Chiesa vetero-cattolica. Ogni giovedì alle 18 vi si celebra la messa.

12 Cassa di Risparmio

È proprio tutto oro quel che luccica

Grigia e noiosa: così si potrebbe descrivere la maggior parte degli edifici pubblici nella Repubblica Ceca. Però ci sono anche le eccezioni, come ad esempio la filiale della Cassa di Risparmio Ceca a Rytířská. L'aspetto esterno è piuttosto sobrio: un edificio certamente maestoso, ma non diverso da tanti altri palazzi di Praga. Dentro però vi attende una scalinata di marmo che vi condurrà in un sontuoso atrio in stile neorinascimentale colmo di quadri, statue e oggetti dorati. Qui la ricchezza di fine Ottocento si combina con la volontà di sostenere l'arte ceca, tipica del tempo.

L'edificio fu inaugurato nel 1894 come la sede più rappresentativa della Cassa di Risparmio di Praga. Questa banca interamente ceca era stata fondata già nel 1875. Il primo investitore fu niente meno che František Palacký, il celebre promotore del risveglio nazionale ceco, mentre il libretto di risparmio numero 1.000.001 appartenne a Tomáš Garrigue Masaryk. Agli allestimenti sontuosi collaborarono il pittore Mikoláš Aleš e l'architetto Bohuslav Schnirch.

Paradossalmente, a questa cerchia esclusiva si unì anche il presidente comunista Klement Gottwald, quando negli anni Cinquanta l'edificio fu ristrutturato e diventò un museo. La combinazione tra la magnifica opulenza del palazzo e la mostra dedicata alla storia del partito comunista, in cui venivano condotti studenti annoiati, deve essere stata kafkiana.

Dopo il 1989, con la privatizzazione, la Cassa di Risparmio è rientrata in possesso dell'edificio. Oggi l'atrio è diventato una normale filiale bancaria e può essere visitato in orario d'ufficio. Non stupitevi però se gli addetti alla sicurezza non vi staccheranno gli occhi di dosso e non dimenticate che, per motivi di sicurezza, è vietato scattare fotografie.

Del resto, è difficile che una macchina fotografica riesca a catturare tanto splendore, perché qui davvero non vale il detto "non è tutto oro quel che luccica".

Indirizzo Česká Spořitelna, Rytířská 29, 110 00 Praha 1 | Come arrivare Můstek (metro A, B) | Orari Lun-ven 9-18 | Un suggerimento C'è un piccolo vicoletto davanti alla Cassa di Risparmio dove è difficile trovare turisti: V Kotcích. Il nome ricorda che qui dalla metà del XIV secolo sono fiorite piccole botteghe, *kotce*, in cui tessitori e commercianti di lino e altre stoffe vendevano le loro merci. Nell'Ottocento i negozi hanno gradualmente ceduto il posto alle abitazioni e molti *kotce* sono stati abbattuti anche per costruire la Cassa di Risparmio.

13 La cassetta dei funghi

Ode al golf ceco

I cechi, sulla faccia della terra, sono una delle popolazioni più distanti dalla religione. Eppure nella loro capitale c'è una statuetta venerata dai cattolici di tutto il mondo, il famoso Bambin Gesù di Praga, conservato nella chiesa di Santa Maria della Vittoria. Proprio lì di fronte, però, si trova un posto poco appariscente ma molto più terreno, che caratterizza il popolo ceco certamente meglio dei simboli religiosi.

Nascosto nell'androne di un palazzo, sulla parete destra è posizionata una cosa che non vedrete da nessun altra parte: una cassetta per i funghi. Se vi chiedete a cosa serve, allora non siete del posto e non sapete nemmeno che i cechi hanno una passione smodata per la raccolta dei funghi. Molti di loro infatti, almeno una volta l'anno, hanno l'abitudine di praticare questo hobby. Spesso anche chi non li ama in modo particolare va lo stesso a raccogliere funghi, come altri vanno a giocare a golf, ed è un'ottima scusa per fare movimento all'aria aperta. Se volete saperne di più sul vostro bottino, basterà appoggiarlo nella cassetta, collocata dietro una porticina di legno, e compilare un formulario con alcune semplici informazioni. Poi dovete aspettare di ricevere una email dalla Società micologica ceca che vi svelerà a quale categoria appartengono i funghi che avete raccolto e se sono commestibili. A vostra disposizione c'è anche l'orario fissato per il colloquio con i consulenti. Del resto la Società è una delle migliori istituzioni al mondo di questo tipo e il suo cofondatore, il leggendario micologo František Smotlacha, sperimentò su di sé oltre 1.700 tipi di funghi.

La cassetta è stata un'idea del figlio del proprietario della casa e della nipote di Smotlacha, che porta avanti la tradizione di famiglia. Il recipiente però non è stato messo lì per volere di chi raccoglie i funghi ma per un'altra ragione: in precedenza i funghi venivano consegnati direttamente presso gli uffici della Società, tuttavia dopo un furto nel 2006 la porta di accesso dalle scale è stata chiusa a chiave.

Indirizzo Società micologica ceca, Karmelitská 14, 118 00 Praha 1; www.myko.cz | Come arrivare Hellichova (tram 12, 15, 20, 22) | Orari Lun-ven 9-18:30 | Un suggerimento Se proprio non avete voglia di funghi, allora potete andare alla brasserie Café de Paris, Maltézské náměstí 4. Il menu di solito non è molto vasto, ma se ordinate una lombata, la specialità della casa, non ve ne pentirete.

14__Il cavallo di Troja

Non stiamo scherzando!

Nel 2007 l'artista Ivan Nacvalač ha costruito un enorme cavallo di legno nel quartiere di Troja. L'opera, tuttavia, non fa tanto riferimento al nome del quartiere, che coincide con quello del suo castello: Nacvalač voleva solo creare un luogo ameno. Il cavallo alto nove metri, più grande del destriero di bronzo sulla collina Vitkov, lo ha costruito in tre mesi con l'aiuto di familiari e amici.

Nella sua pancia ha collocato una vera e propria galleria d'arte, che con il tempo ha occupato anche la superficie che sta intorno alla struttura, e poco dopo ha aggiunto un palco per concerti all'aperto. Tra le zampe del cavallo Nacvalač aveva anche aperto un piccolo bar che serviva birra alla spina, caffè e rum provenienti da tutto il mondo.

Poi l'artista ha piazzato una casa mobile vicino al destriero e si è trasferito a vivere lì. Purtroppo, durante l'alluvione del 2013, la casetta mobile ha mantenuto fede al suo nome e se ne è andata via lontano, nessuno sa dove. Invece il cavallo è rimasto indenne, così il suo creatore si è subito trasferito nella sua pancia e l'arte è stata collocata fuori, sul prato.

Oggi la galleria a cielo aperto occupa quasi l'intero giardino, per il resto non è cambiato molto, tranne la strada intorno alla statua. La più nota pista ciclabile di Praga era diventata una pista per i motociclisti della domenica. Il loro comportamento violento, e non solo in moto, era divenuto talmente intollerabile, che Nacvalač ha deciso di tagliar loro i rifornimenti di liquidi e ha chiuso il bar. Questo però non significa che Ivan vi manderà al diavolo se vorrete farvi una chiacchierata con lui, al contrario. Ancora oggi nei pressi del cavallo si tengono concerti jazz e blues in un'atmosfera unica. Qui si trovano perfettamente a loro agio non solo gli espatriati americani, ma anche i musicisti che ogni tanto improvvisano spontaneamente un concerto. A proposito: vi dice niente il nome Laco Déczi? Be', per chi non lo sapesse, è un signore molto bravo con la tromba.

Indirizzo Vodácká 1, 171 00 Praha 7 | **Come arrivare** Nádraží Holešovice (metro C) poi Kovárna (bus 112), da Pod Havránkou a sinistra in via Vodácká; oppure a piedi dalla Stromovka sul ponte pedonale di Troja (Trojská lávka) fino all'Isola imperiale (Císařský ostrov) | **Orari** Vedi www.facebook.com/GalerieTrojskyKun | **Un suggerimento** Poco distante dalla fermata di Kovárna c'è uno degli ingressi del Giardino botanico. Risalite il vigneto e vi troverete in uno dei parchi più belli della città, dove è possibile sedersi sull'ampio prato e anche farsi prestare dal bistrot la tovaglia per il picnic.

15 La centrale di Vršovice

Acqua, tecnica ed eleganza

Una cosa insolita: la centrale idrica di Vršovice è costituita da ben due impianti, uno a Michle e l'altro a Braník. Questo perché all'inizio del Novecento la zona doveva assicurarsi il rifornimento idrico e non c'era nel suo territorio una collina da cui l'acqua potesse scendere dalla conduttura fino al bacino di Vršovice. Che si unì allora con Michle dove venne eretta una torre idrica. L'impianto di pompaggio invece dovette essere costruito nel vicino quartiere di Braník. Un vantaggio per tutti, visto che l'impianto riforniva d'acqua tre quartieri della città oltre a quello di Krč, l'area dove passavano le tubazioni.

Si tratta di una costruzione illustre: il suo creatore è Jan Kotěra (1871-1923), da molti considerato il fondatore della moderna architettura ceca. Gli edifici di mattoni grezzi con le decorazioni in vetro verde sono stati progettati secondo la geometrica eleganza dello stile liberty.

La torre a forma di cono alta 42 metri che contiene le riserve d'acqua è a Michle. All'ingresso della scalinata di granito c'è lo stemma di Vršovice. La torre è stata in uso fino al 1975 mentre la cisterna sotterranea è ancora in grado di funzionare. Per questo l'impianto non è accessibile al pubblico ed è possibile ammirare la torre solo dal portone di via Hanusova o dall'ingresso di Pod Vršovickou vodárnou III. È uno spettacolo sublime, ma anche un po' triste perché sta cadendo in rovina: nella primavera del 2016 è comparsa anche un'impalcatura.

Se volete vedere com'erano in origine le facciate di mattoni create da Kotěra, andate a visitare la vecchia stazione di pompaggio a Braník. Qui per la prima volta nella Repubblica Ceca è stato aggiunto il cloro all'acqua per sterilizzarla.

Anche questa stazione è stata chiusa negli anni Settanta, poi nel 2011 è stata restaurata ed è diventata un'area giochi per i bambini. Se entrate nel ristorante date un'occhiata in alto: la vecchia sala macchine conserva ancora i binari originali per la gru.

Indirizzo a) Torre idrica: Hanusova 5, 140 00 Praha 4; b) stazione di pompaggio: Vltavanů 229, 147 00 Praha 4 | **Come arrivare** Torre idrica: Pankrác (metro C) poi a piedi, oppure Zelená liška (bus 134); Stazione di pompaggio: Nádraží Braník (tram 2, 3, 17, 21) | **Orari** Stazione di pompaggio: lun-dom 9-20 | **Un suggerimento** Vicino all'impianto della centrale a Braník c'è una zona molto interessante dal punto di vista architettonico: è l'area in cui una volta sorgeva la fabbrica di birra Braník, a Údolní 212. Sull'edificio principale è ancora visibile il marchio di questa fabbrica, san Venceslao insieme a due angeli, opera del pittore Mikoláš Aleš.

16 La centrale idrica

Un museo poco noto

Non è facile capire com'è nato il Museo della gestione delle risorse idriche nella centrale di Podolí. Della sua esistenza si viene a sapere – non senza una certa fatica – sul sito dedicato alle "Condutture e canalizzazioni idriche della città di Praga" alla voce Zážitková turistika, ossia "turismo d'esperienza".

Forse è per questo che la maggior parte dei praghesi stessi ne ignora la presenza. Il monumentale edificio degli anni Trenta merita invece una visita, e non solo per la grandiosa architettura di Antonín Engel, creatore della grande piazza circolare di Dejvice, nota come Kulat'ák.

All'epoca Engel non era certo un architetto approvato dai più, al contrario: i contemporanei lo accusavano di un eccessivo eclettismo, identificabile ad esempio nella finestra cubista sulla facciata neoclassica, dietro la quale si trova la volta funzionalista della centrale idrica. Eppure, proprio questa volta che sormonta la sala di filtrazione delle acque è uno degli elementi salienti del museo.

Un altro punto di forza è il pezzo di un'antica conduttura che, paragonata a un tubo del periodo rudolfino, dà la misura di quanto poco sia cambiato nei secoli. Tra gli altri oggetti interessanti vi sono una pompa originale del 1830, alcune fotografie coeve che ritraggono la costruzione delle condutture, una collezione di contatori e molto altro ancora.

Qui verrete anche a sapere quando e perché si è iniziato ad aggiungere il cloro nell'acqua e il motivo per cui oggi la centrale di Podolí serve solo come riserva. Nella seconda parte della visita – della durata di quasi mezz'ora – la guida vi illustrerà nei particolari il processo di purificazione delle acque e vi condurrà alla torre dell'acqua, da cui si ha un'affascinante veduta della città. Forse sarà proprio questo il momento in cui penserete che in fondo catalogare la visita alla centrale idrica sotto la voce "turismo d'esperienza" non è del tutto sbagliato!

Indirizzo Podolská vodárna, Podolská 15, 140 00 Praha 4 | Come arrivare Podolská vodárna (tram 2, 3, 17, 21), la Podolská passa sotto la centrale | Orari Gio 11, 13, 15, 17; i biglietti devono essere acquistati con almeno quattro giorni di anticipo sul sito www.ticketstream.cz, alla voce Muzeum pražského vodárenství | Un suggerimento Camminando lungo la Moldava in direzione del centro, dopo un po' arriverete al ristorante Podolka, che propone piatti creativi – non solo vegetariani – da gustare vicino al fiume.

17_Chiesa di San Carlo

Imperdibile eppure dimenticata

Da anni gli esperti di pubblicità tentano invano di indirizzare lo sguardo degli automobilisti che attraversano il centro di Praga verso un gigantesco cartellone posto alla fine del mostruoso ponte Nusle, ma invece della pubblicità luminosa i guidatori ammirano soprattutto la maestosa cupola della chiesa di San Carlo.

Eppure la maggioranza dei praghesi sa poco o nulla della chiesa dell'Assunzione della Vergine Maria e di San Carlo Magno a Karlov, uno degli edifici sacri più importanti dal punto di vista architettonico. Carlo IV la fece costruire sul modello della Cappella Palatina di Aquisgrana e così si spiega la pianta ottagonale, insolita per gli edifici in stile gotico. La volta originale non si è conservata, ma resterete senza fiato anche ammirando la nuova volta stellata del 1575, che la leggenda vuole sia stata costruita con l'aiuto del diavolo.

La chiesa divenne famosa per l'immagine della Vergine Maria incinta. Nel diciottesimo secolo il quadro richiamava molti pellegrini, soprattutto donne, e anche l'imperatrice Maria Teresa d'Asburgo ne appese una copia in camera da letto, con il risultato che diede alla luce sedici figli.

Forse il duomo non è così conosciuto perché non sempre è possibile visitarlo. Non ospita stabilmente una parrocchia ed è amministrato dal diacono Jiří Ignác Laňka, che si occupa anche di dirigere la formazione dell'unità antiterrorismo della polizia ceca. La chiesa è aperta solo durante le funzioni religiose, le manifestazioni culturali e tre volte al mese per le visite guidate, che vi consigliamo di non perdere.

Michal Soukup, un fervente ammiratore della chiesa, nel corso di due ore vi racconterà non solo le leggende intorno alla sua costruzione, ma sospirando aggiungerà anche le sue riflessioni su "questo mondo postmoderno assolutamente disgustoso". Se volete lo farà anche in inglese. Una chiesa così straordinaria merita una guida altrettanto fuori dal comune.

Indirizzo Ke Karlovu 453/1, 120 00 Praha 2; www.kostelnakarlove.com | **Come arrivare** I.P. Pavlova (metro C), poi Dětská nemocnice Karlov (bus 148), poi a sinistra lungo Ke Karlovu | **Orari** Imprecisati, vedi sito web | **Un suggerimento** Il quadro originale della Vergine incinta si trova nella vicina chiesa di Sant'Apollinare, aperta negli orari delle messe (lun, mer, ven 7:45; gio 18:30; dom 11:15). L'opera fu portata in questa chiesa nel periodo delle riforme di Giuseppe II e da allora non è mai stata restituita alla parrocchia di provenienza.

18 La chiesa ortodossa

Dalla Carpazia con amore

Riuscite a immaginare una chiesa smontata, trasportata in un luogo distante chilometri e poi ricostruita? E che tutto si sia ripetuto una seconda volta? Se vi sembra impossibile, fate una passeggiata fino alla chiesa ortodossa seminascosta tra gli alberi del giardino di Kinský.

Osservando la costruzione in legno con tre torri e il tetto di travi e assi vi sembrerà di essere in Ucraina. Proprio lì, nel villaggio di Velyki Lučky vicino a Mukačevo, nella seconda metà del XVII secolo fu costruita questa chiesetta. Ma nel 1793, finiti i soldi, la struttura fu venduta e spostata nella più ricca Medved'ov. Da qui, nel 1929 intraprese un secondo viaggio, questa volta di oltre seicento chilometri, quando gli abitanti della Transcarpazia, allora parte della Cecoslovacchia, la donarono alla città di Praga come esempio della loro architettura popolare. Con la supervisione dei sacerdoti, l'edificio fu smontato, tutti i pezzi numerati e trasportati a Praga in quattro vagoni speciali.

Questo edificio sacro appartiene alla collezione etnografica del Museo nazionale ma dal 2008 viene gestito dalla Chiesa ortodossa. La messa dura due ore, ma potrete entrare per una breve visita. Oltre il pesante portone, a cui d'inverno viene attaccata una spessa tenda per trattenere il calore, accederete a uno stretto spazio, in passato riservato in parte alle donne. Le candele brillano nella semioscurità, dalle travi pendono le icone e nell'aria si respira il profumo della legna che arde nella stufa. I canti e le preghiere in romeno dei dieci o a volte cinquanta fedeli presenti producono un suono che sembra quasi esotico.

La chiesa dell'Arcangelo Michele è rimasta com'era in origine: finora è stato solo restaurato il tetto. Forse incontrerete anche due gatti, a cui danno da mangiare il sacerdote e soprattutto i bambini che passano di qui. Anche loro contribuiscono a completare l'immagine perfetta dell'Ucraina contadina al centro di Praga.

Indirizzo Chiesa dell'Arcangelo Michele, Petřínské sady 99, 150 00 Praha 5 | Come arrivare Švandovo divadlo (tram 6, 9, 12, 20), poi in salita attraverso il Giardino Kinský; Koleje Strahov (bus 143, 149), poi a piedi costeggiare gli edifici e scendere attraverso il Giardino Kinský | Orari Durante la santa messa ogni domenica a partire dalle 10, il lunedì dopo le ore 8. È possibile anche contattare padre Andrei Ioan Danciu al numero 777329275 e prendere accordi per visitarla | Un suggerimento Se fate una passeggiata nei dintorni della chiesa potrete raggiungere un sistema idrico posto su un ripido pendio. Qui l'acqua viene incanalata per formare due laghetti, una cascata e una fontana.

19 Il chiosco

Una casetta di marzapane

Per molte persone prendere un giornale al volo mentre vanno al lavoro è un'abitudine quotidiana a cui non si fa neppure caso, ma se passate davanti alla fermata del tram della stazione centrale di Praga questo stesso gesto potrà trasformarsi in un'esperienza unica. Qui infatti si trova probabilmente l'unica edicola degli anni Venti in stile rondò-cubista, una variante del cubismo che ne alleggeriva la rigida geometria con archi ornamentali.

Se osservate il chiosco dalla struttura in legno bianco e rosso vi sembrerà di trovarvi di fronte a una casetta di marzapane, quella delle favole, non solo per l'aspetto ma anche per le dimensioni, visto che possono entrarci non più di un paio di clienti per volta.

Non si sa chi sia stato il creatore di questa affascinante struttura. Alcuni lo identificano nel teorico del cubismo Pavel Janák, ideatore del Palazzo Adria, anch'esso in stile rondò-cubista, poiché il chiosco ricorda alcuni suoi schizzi. Altri evidenziano la sua somiglianza con le casette progettate da Josef Gočár per l'aeroporto di Praha-Kbely. Altri ancora riferiscono che la città di Praga ha sempre affidato la costruzione di piccoli edifici commerciali agli architetti alle sue dipendenze.

In realtà, i nomi di Gočár e Janák sono stati messi in relazione al chiosco per la prima volta solo nel 1980 quando questo doveva essere abbattuto e i conservazionisti praghesi iniziarono a battersi per la sua salvaguardia. Un anno dopo la graziosa edicola fu dichiarata monumento storico e restaurata.

Nel 2008 è stata ridipinta con i colori originari, ma presto è stata nuovamente sporcata dai graffiti, che rovinano l'atmosfera fiabesca della costruzione. In ogni caso la casetta di marzapane non si trova in mezzo a un fitto bosco, ma ai margini del temibile parco Vrchlické sady, che negli anni Novanta si guadagnò il soprannome di Sherwood per i numerosi furti e in generale per la sua cattiva fama. Ma questa è un'altra storia.

Indirizzo All'angolo tra le vie Bolzanova e Opletalova, 110 00 Praha 1 | **Come arrivare** Hlavní nádraží (tram 5, 9, 15, 26) | **Orari** Lun-ven 10-22, sab-dom 14-22 | **Un suggerimento** Nei pressi del chiosco si trova la statua dal titolo *Sbratření*, in italiano *Fratellanza*, che raffigura un partigiano e un soldato dell'Armata Rossa abbracciati. Si tratta di una copia dell'opera degli anni Cinquanta di Karel Pokorný, l'originale potrete trovarlo a Česká Třebová.

20 Chiostro di Emmaus

Le torri risorte dalle rovine

Quando, il 14 febbraio 1945, cominciarono a suonare le sirene, la maggior parte degli abitanti di Praga pensò a un falso allarme. Invece poco dopo caddero sessantadue bombe sganciate dagli americani che credevano di aver raggiunto Dresda, l'obiettivo del loro attacco. Motivo: quel giorno c'era più nebbia del solito e i radar non funzionavano.

Quel tragico errore provocò 701 morti e distrusse decine di edifici, tra cui il chiostro di Emmaus, fondato da Carlo IV nel 1347 per i monaci slavi benedettini. Le bombe fecero esplodere la volta della chiesa e distrussero completamente il tetto e le torri.

Solo nel 1964 fu indetta una gara per la loro ricostruzione. Gli architetti si interrogarono sullo stile da utilizzare: infatti alla chiesa gotica erano state aggiunte le torri soltanto nel Seicento, quando l'edificio era stato ristrutturato in stile barocco. Infine, nell'Ottocento l'esterno era stato rimodernato in stile neogotico dai nuovi inquilini provenienti dalla Germania, i benedettini della Congregazione di Beuron. Gli interni avevano accolto affreschi in stile beuronese, i cui colori, soggetti e figure geometriche, ripresi dall'antica arte egizia, furono fonte d'ispirazione per il successivo stile liberty.

Il vincitore della gara per la ricostruzione affrontò elegantemente la questione dello stile, dando un aspetto completamente nuovo e moderno al tetto della chiesa. Le torri furono sostituite da gigantesche ali di cemento con le punte dorate, per le quali fu utilizzato oltre un chilo d'oro.

In un periodo in cui la Cecoslovacchia non offriva opere d'arte di livello internazionale, questo monumento fu lodato dalla stampa di tutto il mondo e costituisce ancora oggi il simbolo della Praga moderna.

Alcuni ci vedono un veliero, altri due razzi, altri ancora la cupa ambientazione del *Signore degli Anelli* di Tolkien: il modo migliore per non dimenticare lo sfortunato attacco alla città.

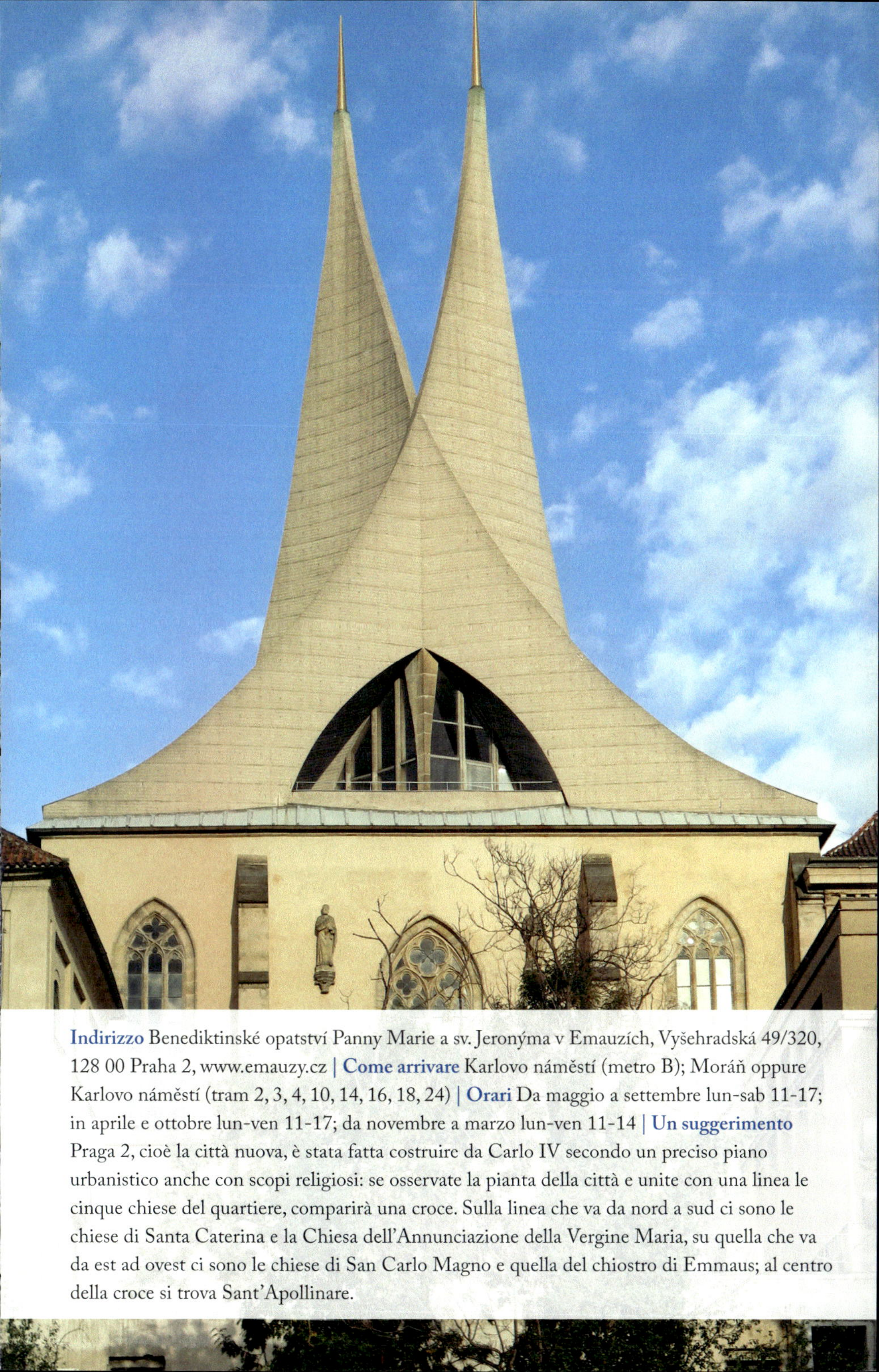

Indirizzo Benediktinské opatství Panny Marie a sv. Jeronýma v Emauzích, Vyšehradská 49/320, 128 00 Praha 2, www.emauzy.cz | **Come arrivare** Karlovo náměstí (metro B); Moráň oppure Karlovo náměstí (tram 2, 3, 4, 10, 14, 16, 18, 24) | **Orari** Da maggio a settembre lun-sab 11-17; in aprile e ottobre lun-ven 11-17; da novembre a marzo lun-ven 11-14 | **Un suggerimento** Praga 2, cioè la città nuova, è stata fatta costruire da Carlo IV secondo un preciso piano urbanistico anche con scopi religiosi: se osservate la pianta della città e unite con una linea le cinque chiese del quartiere, comparirà una croce. Sulla linea che va da nord a sud ci sono le chiese di Santa Caterina e la Chiesa dell'Annunciazione della Vergine Maria, su quella che va da est ad ovest ci sono le chiese di San Carlo Magno e quella del chiostro di Emmaus; al centro della croce si trova Sant'Apollinare.

21 Chlebíčky

Delizie da non perdere

Se mentre passeggiate per Praga all'improvviso avete fame e volete uno spuntino al volo, c'è solo un modo: dirigetevi verso un *lahůdky*, una gastronomia, e chiedete dei *chlebíčky*. Sono dei panini aperti farciti, di solito li trovate esposti in vetrina, ma che panini! Per quanto possa sembrare una proposta banale, scoprirete una vera gioia per il palato. Sulle fette di pane bianco tagliate trasversalmente e spalmate di burro i cechi adagiano tutto ciò che gli viene in mente, fino a creare piccoli capolavori con salame, formaggio, caviale e uova sode oppure prosciutto, carne fredda, cetrioli e peperoni sottaceto, mousse di salmone e pesce affumicato, senza mai dimenticare la maionese. Sono belli e buoni da mangiare. Il *chlebíček* è il panino quotidiano, ma anche una leccornia che non può mancare nelle occasioni di festa.

Per cominciare il vostro tour dei *chlebíčky* vi consigliamo di partire da Zlatý kříž, Jungmannova 34. Qui troverete un assortimento enorme e panini più grandi degli standard cechi, che insieme alla posizione del negozio ne fanno un posto di primissima qualità.

Potete poi prendere la metro e raggiungere la pasticceria Apetit, in Revoluční 12, vicino a náměstí Republiky. In un locale accogliente e ricco di fascino troverete oltre a torte e altri dolci anche un pregiato assortimento di *chlebíčky*. Per la prossima fermata vi proponiamo un locale piccolo, ma delizioso: Libeřské lahůdky, al n. 33 di Dukelských hrdinů. Da qui potete proseguire e dopo una sola fermata di tram raggiungere un locale altrettanto famoso, il Chlebíčky Letná a Milady Horákové 42.

I *chlebíčky* sono nati a cavallo tra le due guerre, quando Jan Skramlík stava eseguendo il ritratto di famiglia del famoso negoziante di gastronomia Jan Paukert. Il pittore per calmare la fame mangiava i piccoli bocconcini disponibili a quel tempo e quindi era costretto a interrompere spesso il suo lavoro. Con tanti saluti al conte di Sandwich…

Indirizzo Zlatý kříž, Jungmannova 34, 110 00 Praha 1 | **Come arrivare** Zlatý kříž: Můstek (metro A); Apetit: Dlouhá třída (metro B); Libeřské lahůdky: Strossmayerovo náměstí (tram 6, 8, 26); Chlebíčky Letná: Kamenická (tram 1, 8, 12, 25, 26) | **Orari** Zlatý kříž: lun-ven 6:30-19, sab 9-15; Apetit: lun-ven 7-20, sab-dom 10-18; Libeřské lahůdky: lun-ven 7-19, sab-dom 8-18; Chlebíčky Letná: lun-ven 7:30-19 | **Un suggerimento** L'indirizzo giusto per chi volesse provare *chlebíčky* con ingredienti non convenzionali come rape rosse, rafano o aringhe, è quello del Bistro Sisters a Dlouhá 39.

22 Cimitero di Malá Strana

Un camposanto risorto

Plzeňská è la via più lunga di Praga, satura di gas di scarico. Ci sono i binari del tram, automobili che sfrecciano in entrambe le direzioni e nel bel mezzo... un cimitero.

Per quanto possa sembrare strano, questo camposanto è un'oasi di verde, in cui l'edera abbraccia le lapidi della gente famosa e di quella dimenticata da tempo. Eppure in pochi vengono qui a rilassarsi, molti non lo conoscono neanche. Anche se si trova nel quartiere di Smíchov il suo nome è legato alla Città Minore (Malá Strana) da quando nel periodo tra il 1786 e il 1884 fu usato soprattutto per i suoi abitanti e quelli di Hradčany. Da allora più volte si è ritirato per lasciar posto agli edifici che gli venivano costruiti intorno, ma, seppure in forma ridotta, è riuscito a resistere, anche grazie allo scrittore Jakub Arbes che nel 1910 lottò per la sua salvaguardia. Non che in seguito non abbia avuto una vita facile, attaccato dai vandali e trascurato dall'amministrazione cittadina.

Solo dopo il 1989 è partita gradualmente la sistemazione del cimitero, prima con la ricostruzione delle lapidi ottocentesche, la maggior parte delle quali sono firmate, e oggi con un'associazione che si occupa di farlo conoscere e apprezzare anche ai praghesi.

Sul cimitero domina la statua monumentale del conte Thun-Hohenstein, che qui riposa in pace insieme ad altri praghesi famosi, come i coniugi Dušek, gli amici di Wolfgang Amadeus Mozart che lo ospitarono nella vicina Bertramka.

In una di queste tombe giace una delle leggende di Praga: la piccola Anna Degenová, una bambina di tre anni che si dice fosse santa, avendo preso per errore prima della nascita l'anima di un angelo in cielo. Sulla terra aiutò tutti, anche quelli che abusavano della sua bontà. Infine Dio si accorse che vivere con il cuore di un angelo era un peso troppo grande e chiamò a sé la piccola Anna.

Al contrario del cimitero della Città Minore a lei nessuno potrà ridare la vita.

Indirizzo Plzeňská, 150 00 Praha 5; www.malostranskyhrbitov.cz | **Come arrivare** Anděl (metro B), poi Bertramka (tram 9, 10, 15, 16, 21), l'ingresso è proprio lì sotto | **Orari** Da maggio a settembre 9-18 | **Un suggerimento** A circa 250 metri dal cimitero, in una casa poco appariscente a Holečkova 49, è aperta dal mercoledì alla domenica la galleria privata Futura. Accanto alle mostre di artisti contemporanei cechi e stranieri, nel giardino è esposta una provocatoria installazione di David Černý.

23 Il cimitero

Orrore a Bohnice

Con un po' di fortuna, la porticina di metallo accanto al cancello principale si aprirà scricchiolando per lasciarvi passare. Varcata la soglia vi troverete sul viale del cimitero più singolare di Praga, se non dell'intera Repubblica Ceca.

Di solito i cimiteri sono luoghi malinconici, anche se molti vi si recano affascinati dal silenzio o dal pensiero dei tanti sconosciuti che, riconciliati con la vita e con il prossimo, sono morti in pace. Non è certo questo il caso del cimitero di Bohnice, fondato nel 1906 per dare sepoltura agli ospiti di un istituto psichiatrico.

Lo stato di emarginazione dei malati di mente e le "cure" disumane cui venivano sottoposti rendono molto improbabile che la loro vita si sia conclusa serenamente. Accanto a loro riposano anche i soldati, pazienti di un ospedale di Trento, che, visto l'avanzare del fronte, vennero portati in salvo qui durante la Prima guerra mondiale e morirono di tifo.

A ognuno dei due gruppi venne intitolato un monumento, sebbene si conservino solo i resti di quello dedicato ai militari. La colonna di pietra nuda, priva di qualsiasi iscrizione, con la croce distrutta è il simbolo del declino che ha colpito il cimitero dopo la sua chiusura nel 1951, anche se di recente un gruppo di volontari e l'istituto psichiatrico stesso se ne prendono cura.

L'edera ha invaso il terreno e sta inghiottendo anche le ultime lapidi che ancora resistono. Le tombe distrutte e la cappella bruciata danno i brividi. Un luogo angosciante in cui, secondo gli appassionati di fenomeni paranormali, la concentrazione di energia negativa è particolarmente elevata: le attrezzature tecniche dei giornalisti che vi si recano smettono improvvisamente di funzionare; alcuni avvertono un forte bruciore sotto la pianta dei piedi o sentono un freddo inspiegabile.

Se siete immuni da questo genere di suggestioni, vi consigliamo di visitare il cimitero in autunno, meglio al crepuscolo.

Indirizzo U Drahaně, 181 00 Praha 8 | Come arrivare Kobylisy (metro C), poi Staré Bohnice (autobus 102), scendete per la Bohnická e girate a destra in U Drahaně; al centro terapico Bohnická farma girate a sinistra e arrivate in fondo, passando accanto agli orti e ai campi | Orari Ufficialmente chiuso (l'ingresso è a vostro rischio e pericolo) | Un suggerimento Dalla U Drahaně di solito si può entrare nell'ospedale psichiatrico (dall'ingresso principale sulla Ustavní). È possibile visitare il Café V. kolona, dove i pazienti stessi servono ai tavoli: un'attività che fa parte della loro terapia.

24 Corrupt Tour

Il meglio del peggio

Quando nel 2002, durante la fiera Holiday World di Praga, il filosofo e drammaturgo Petr Šourek presentò in pompa magna la nuova agenzia di viaggi Corrupt Tour, tutti si chiesero: sarà un progetto satirico o si tratterà di una vera campagna anti corruzione? Oppure solo di una promettente start-up?

La risposta è: di tutto un po', comunque qualcosa di molto particolare, tanto da guadagnare i titoli di testa del *Wall Street Journal*.

Le guide dell'agenzia pensata da Šourek vi accompagneranno in pellegrinaggio ai monumenti legati alla corruzione, luoghi simbolo dei lobbisti e dei milioni scomparsi dalle casse statali ceche, opere pubbliche costate una marea di soldi più del preventivato. In breve: non ci sarà da annoiarsi.

La Corrupt Tour è una normale agenzia viaggi che vende gite e souvenir, affitta pullman e ha le sue guide turistiche, principalmente attori. I loro racconti sulla corruzione sono più comprensibili degli articoli di giornale, in più sono conditi da un'ironia assurda che per un attimo fa dimenticare quanto denaro hanno perso i contribuenti.

Durante il tour visiterete i cosiddetti nidi dei rapaci, cioè le abitazioni dei principali padrini e lobbisti cechi. Basterà uno sguardo alle ville di lusso circondate da mura di cinta fortificate e videocamere di sicurezza per capire quanto denaro provenga dagli affari legati alla corruzione. Vedrete i famigerati policlinici saliti agli onori della cronaca per l'acquisto di apparecchiature a costi scriteriati. Conoscerete la storia dello Škodův palác, dato in affitto ancora oggi alla città di Praga a condizioni assolutamente sfavorevoli, o del tunnel Blanka (vedi n. 6), la galleria costata il doppio del previsto o ancora la storia dei trasporti cittadini, colpiti dagli scandali finanziari.

Come fa notare il proprietario dell'agenzia, in materia di corruzione Praga ha parecchio da offrire. E alla fine del tour gli darete ragione anche voi: avrete visto il meglio del peggio che la Repubblica Ceca è in grado di offrire.

Indirizzo Le visite guidate partono da diverse zone centrali della città e sono disponibili, oltre che in ceco, anche in tedesco e inglese, per prenotazioni www.corrupttour.com | **Un suggerimento** L'espressione *zajít do cukrárny*, "andare in pasticceria", è stata coniata da chi tirava le fila della corruzione a Praga. Il più noto lobbista aveva l'ufficio sopra la pasticceria Myšák, Vodičkova 31, Praha 1. Questo storico caffè, oggi restaurato, è diventato famoso negli anni Venti per i suoi dolci, in particolare la torta per l'ottantesimo compleanno del presidente Tomáš Garrigue Masaryk.

25 Il crocevia di Praga

Havel, la chiesa e la cultura

È affascinante pensare che un dissidente sia diventato capo di stato e che il suo carisma abbia attirato a Praga celebrità da tutto il mondo, alle quali da presidente ha mostrato il Castello, ma anche posti più insoliti, come dimostrano le foto di Bill Clinton che suona il sassofono nel locale jazz Reduta.

Finito il mandato, Havel preferiva accompagnare i suoi ospiti alla chiesa sconsacrata di Sant'Anna. È proprio grazie alle sue iniziative che ancora oggi nel centro culturale Pražská křižovatka (Crocevia di Praga) si tengono conferenze, concerti, mostre e attività in ambito politico.

L'alta chiesa gotica si trova proprio in centro eppure non è facile notarla: è nello spazio occupato in precedenza dal monastero di Sant'Anna, oggi gestito dal Teatro Nazionale. Sant'Anna fu l'unica chiesa di Praga che non venne distrutta dagli ussiti. C'è chi afferma che qui vennero rinchiuse le suore dai monasteri incendiati, altri invece che la badessa del convento fosse la zia del generale ussita Jan Žižka, altri ancora che gli ussiti avessero provato a distruggerlo ma che a causa delle dimensioni monumentali non avessero trovato l'ingresso. Nel Settecento, Giuseppe II ordinò che la chiesa fosse sconsacrata, al suo posto si insediarono una tipografia e un magazzino per la carta.

La decadenza ebbe fine solo con la fondazione di Vize 97 da parte dei coniugi Havel. Entrando, resterete senza fiato davanti al possente duomo, che ha conservato ancora oggi il suo spirito sacrale. Alle pareti si intravedono alcuni frammenti di affreschi medievali, in alto è possibile osservare la struttura gotica del tetto, mentre in fondo, al posto dell'altare, c'è un moderno podio.

Contribuiscono a rendere suggestiva l'atmosfera di Pražská křižovatka anche i ricordi di Václav Havel, come il totem di vetro colmo dei nastri che adornavano le corone al suo funerale: proprio qui nel 2011 i cittadini di Praga hanno salutato per l'ultima volta il loro presidente.

Indirizzo Zlatá (entrata da via Liliová), 110 00 Praha 1; www.prazskakrizovatka.cz | Come arrivare Karlovy lázně (tram 2, 17, 18), poi lungo la via Náprstkova, da Betlémské náměstí prendere la Liliová, dopo pochi metri a sinistra entrare nel vicoletto Zlatá | Orari Aperto solo durante le manifestazioni culturali | Un suggerimento La fondazione Vize 97 conserva virtualmente l'ufficio di Havel, quello in cui ha lavorato dopo aver lasciato il suo incarico come presidente. È possibile vedere com'era in origine questo studio sulla homepage del sito www.vaclavhavel.com. I video dimostrativi sono gratuiti mentre il tour virtuale è a pagamento.

26 Dietro le mura del convento

Meglio di un albergo

Le pesanti tavole di legno scricchiolano sotto i piedi. Passando accanto al refettorio a volte si sentono voci cantare e può succedere che da una delle tante camere esca uno studente che vi dà sottovoce il benvenuto. A questo punto non resta che aprire la porta della camera che vi è stata assegnata e ritrovarsi così in un ambiente modesto ma arredato con molto buon gusto. È il convento dei Cappuccini di Hradčany, uno dei luoghi più interessanti di Praga in cui passare la notte – per la cifra irrisoria di 400 corone (300 se avete con voi il sacco a pelo).

Il prezzo, tuttavia, non è che un aspetto secondario: la vera attrattiva del luogo è l'atmosfera davvero unica. Il monastero non è un albergo e nemmeno un ostello. Anche se ci sono alcuni dormitori destinati alle scolaresche, la maggior parte delle camere è singola, doppia o tripla: non dovrete quindi condividerla con degli sconosciuti. Al tempo stesso non aspettatevi il classico servizio d'albergo: i bagni e le docce che si trovano in corridoio sono in comune, la colazione non è prevista e dovrete farvi il letto da soli. In compenso il wi-fi funziona egregiamente. Con un po' di fortuna potrete incontrare qualche monaco incappucciato e soprattutto passeggiare nelle viuzze del pittoresco quartiere di Nový Svět. Il convento fu costruito all'inizio del Seicento. Nel 1757 venne danneggiato dall'esercito prussiano: ancora oggi in alcuni punti le mura recano i segni dei colpi di cannone. Nel 1944 le SS lo trasformarono in un carcere per i disertori tedeschi. Nell'aprile del 1945 il regime hitleriano scrisse al convento che avrebbe ottenuto il meritato risarcimento non appena la Germania avesse vinto la guerra. I comunisti non diedero prova di un simile senso dell'umorismo: misero i monaci in galera e adibirono il monastero a sede del controspionaggio. In seguito la struttura fu restituita ai cappuccini, che negli anni Novanta l'hanno restaurata con cura.

Indirizzo Klášter kapucínů, Loretánské náměstí 6a, 118 00 Praha 1; www.kapucini.cz, cliccare sulla voce Ubytování Praha a sinistra, poi scegliere la lingua italiana | **Come arrivare** Pohořelec (tram 22), da qui a piedi per circa 450 metri | **Orari** Le chiavi delle camere possono essere ritirate entro le 16; dopo quest'ora è necessario prendere un appuntamento per telefono | **Un suggerimento** Se avete voglia dell'ottimo caffè prodotto dalla torrefazione Doubleshot o volete uno snack, andate al Nový Svět nella via omonima. Uno dei pochi locali del quartiere che non è affollato dai turisti.

27 Gli edifici cubisti

Visioni geometriche ai piedi di Vyšehrad

Intorno al 1910 alcuni artisti cechi decisero di utilizzare anche in architettura i princìpi di Picasso: gli spigoli netti, le strutture cristalline e la compenetrazione dei piani.

Nacque così qualcosa di unico, che esiste solo nella Repubblica Ceca: il cubismo architettonico. In nessun altro luogo al mondo troverete tanti edifici cubisti come a Praga. Sarebbe un peccato visitare solo la Casa della Madonna Nera a Celetná. Ai piedi delle rupi di Vyšehrad lungo la Moldava potrete ammirare delle opere forse ancora più belle in questo stile originale.

Tra la fine dell'Ottocento e l'inizio del Novecento, dopo il cosiddetto "risanamento", sotto la cui scure cadde anche questo quartiere di zatterieri e venditori di legno, qui vennero costruite nuove case. Persino Josef Chochol, un architetto irruento e forse un po' nevrotico, che si atteneva passivamente ai princìpi del cubismo, riuscì ad ottenere alcuni incarichi, come la villa bianca a tre piani che gli era stata commissionata dal costruttore Bedřich Kovařovic.

La villa è situata all'interno di un giardino geometrico, e ha un'imponente facciata monumentale sul lato della Moldava. Camminando lungo il recinto, sempre in stile cubista, avrete l'impressione che la facciata sporgente si giri verso di voi. La vista migliore della villa ve la offre il ponte ferroviario proprio di fronte. Poco distante, al 6/10 dell'argine Rašín, si trova un'altro lavoro di Chochol, una villa trifamiliare bianca e rossa con il tetto mansardato.

La sua opera più importante è invece all'angolo tra la Neklanova e la Přemyslova. Il condominio, commissionato a Chochol da František Hodek intorno al 1913, si allunga come la prua di una nave, ma purtroppo il suo bell'ingresso cubista è deturpato da cartelloni pubblicitari.

Ora queste case vengono utilizzate come abitazioni o locali commerciali, eppure basta guardarle da fuori e ammirarne le facciate per essere trasportati in un sensazionale viaggio nel tempo.

Indirizzo Partenza da Villa Kovařovic, Libušina 3, 128 00 Praha 2 | Come arrivare Výtoň (tram 2, 3, 7, 17) | Un suggerimento Mentre gli edifici in stile cubista vengono curati dai loro proprietari, poco lontano si trova un monumento diventato una vergogna per la città. La stazione di Vyšehrad (Svobodova 2), in stile liberty, sta cadendo vistosamente a pezzi e fino a oggi i progetti per restaurarla esistono solo sulla carta.

28 U Elektry

Alla fiera dell'Est

Nell'era comunista una delle incombenze più frequenti per i poliziotti di Praga era scovare i mercatini illegali in cui si vendevano dischi di band occidentali e altre merci tabù provenienti dall'Ovest. Evidentemente il regime era convinto di riuscire in questo modo a sopprimere l'imprenditorialità.

Quei mercatini perseguiti dalle autorità dell'epoca sono gli antenati di U Elektry, il più grande mercato delle pulci della Repubblica Ceca e forse dell'intera Europa. Ma se vi aspettate un posticino romantico in cui fare una passeggiata sbirciando tra oggetti curiosi e pezzi d'antiquariato in una piacevole atmosfera di quartiere siete capitati nel posto sbagliato.

Su un'area di 50.000 metri quadrati, ogni sabato e domenica qui si può trovare praticamente tutto: attrezzi da giardinaggio, abbigliamento, elettronica, pneumatici, utensili, prodotti per la cura della persona e anche cibarie. Accanto alle cose nuove di zecca troverete articoli di seconda mano e oggetti d'antiquariato, come in ogni mercato delle pulci che si rispetti.

Alcuni venditori allestiscono le loro merci in tipici stand o all'interno di chioschi presi in affitto, altri espongono i loro prodotti nel bagagliaio dell'auto o direttamente su un tappeto steso a terra. La maggior parte dei venditori sono cechi, ma c'è anche qualche polacco e a volte un tedesco o un austriaco; se siete fortunati riuscirete a comprare un vasetto di marmellata da un pope russo! Alcuni di loro sono gioviali e disposti a trattare sul prezzo, altri bloccano sul nascere qualsiasi tentativo di contrattazione. U Elektry non è certo un luogo in cui tutto va secondo i piani prestabiliti, ma un organismo vivente in continua evoluzione.

Il mercato delle pulci è stato aperto nel 2003 da due commercianti che non volevano arrendersi alla sparizione dei mercatini di un tempo. Certo, non potevano immaginare che di lì a poco non avrebbero più avuto il fine settimana libero!

Indirizzo U Elektry 888/3, 190 00 Praha 9; www.blesitrhy.cz | **Come arrivare** Palmovka (metro B), poi Nademlejnská (tram 8, 25), tornate indietro per un tratto sulla strada principale e poi a sinistra | **Orari** Sab-dom 7-13:30 | **Un suggerimento** Proseguendo a piedi sulla U Elektry, attraversate il sottopassaggio della ferrovia e svoltate a sinistra sulla Mezitrat'ová. Vi troverete in un mondo completamente diverso: vicino agli orti comunali, sul sito della sanguinosa battaglia avvenuta durante la Guerra dei sette anni (1756-1763), scorrono i meandri – splendidi benché artificiali – del torrente Rokytka.

29_Expo 58

Il sogno dei compagni

Questo edificio dalla forma rotonda si erge orgoglioso verso il cielo sopra Praga. Eppure solo in pochi sanno come arrivare in questo luogo che un tempo ospitava il ristorante Expo 58. Che peccato! Anche se qui non potrete gustare una bistecca o un caffè e probabilmente non riuscirete neppure a entrare, vale comunque la pena di ammirare le armoniose forme architettoniche della struttura.

La costruzione tondeggiante venne trasferita da Bruxelles a Praga nel 1960, dopo l'Expo del 1958 per il quale era stata costruita. Insieme al padiglione delle mostre rappresentava la Cecoslovacchia all'esposizione. Il contributo cecoslovacco suscitò un tale entusiasmo che gli fu assegnata la Stella d'Oro, il premio più prestigioso. La giuria fu affascinata dalla costruzione scomponibile costituita da una struttura in ferro, pareti di vetro ed elementi in plastica e altri materiali.

Purtroppo oggi l'edificio non si è conservato nella sua totalità. È ancora possibile ammirare quello che un tempo era il ristorante, che sembra composto da giganteschi pezzi di costruzioni per bambini.

L'opera, profondamente influenzata dal funzionalismo, è sorta in un periodo in cui infuriava il realismo socialista. Questo è stato possibile proprio perché i compagni di allora non davano grande importanza all'Expo e hanno lasciato agli architetti piena libertà di espressione. Il motto del padiglione era "Un giorno in Cecoslovacchia", ma divenne piuttosto un'utopia dopo che il malgoverno comunista non riuscì a immettere sul mercato gli oggetti esposti alla fiera.

Ironia della sorte: oggi al posto del ristorante dell'Expo c'è un'agenzia pubblicitaria, i cui impiegati lavorano nello spazio occupato un tempo dalla cucina del ristorante. Le vetrate alle pareti sono state coperte dall'interno con una tenda, probabilmente per evitare che la concorrenza potesse continuare a fotografare e copiare le idee degli autori e dei grafici dell'agenzia.

Indirizzo Restaurace Expo 58, Letenské sady 1500, 170 00 Praha 7 | **Come arrivare** Nábřeží Kapitána Jaroše (tram 6, 8, 17, 26) poi proseguire fino a Letenské sady | **Un suggerimento** Purtroppo la maggior parte degli oggetti presentati dalla Cecoslovacchia all'esposizione non si è conservata e lo stesso padiglione delle mostre è bruciato nel 1991. Oggi è comunque ancora possibile osservare l'estetica di quel periodo visitando il Museo nazionale ceco: al terzo piano è esposta una fontana di vetro, che nel '58 ha ottenuto un diploma d'onore a Bruxelles.

30_Fontana Terezka

La statua più ricca del mondo (o quasi)

"Seduta nella nicchia della fontana d'argento, Terezka, a te ragazza di pietra, dono il mio amore".

Così cantava Petr Rezek, musicista oggi quasi dimenticato, alla statua di pietra con i lineamenti di una giovane donna, chiamata Terezka dai praghesi. Questa fontana avrebbe vissuto una storia simile a quella della canzone. La leggenda racconta che lì vicino vivesse un soldato che, innamoratosi della statua, le avrebbe lasciato in eredità addirittura 10.000 fiorini. Terezka però non li ricevette mai a causa dell'opposizione della famiglia di lui.

L'espressione dolce, lo sguardo sognante e il fisico seducente fanno di Terezka una delle statue più belle della città, anche se lei se ne resta seduta all'esterno del Palazzo Clam-Gallas a Mariánské náměstí senza mettersi troppo in mostra.

Quest'opera in arenaria eseguita da Václav Prachner risale alla prima metà dell'Ottocento, quando ancora il sistema idrico non approvvigionava le abitazioni e le donne venivano qui ogni giorno a raccogliere l'acqua da caricarsi sulle spalle per portarla a casa.

Non sappiamo esattamente a chi la statua debba il suo nome: alcuni dicono che abbia conservato il soprannome datole dalle donne che venivano a prendere l'acqua, altri pensano che Terezka fosse il nome di una di loro o della ragazza che posò come modella per la statua. In ogni caso la fontana è una rappresentazione allegorica della Moldava: dalla brocca nella mano destra scende l'acqua nella vasca sottostante, mentre dall'altra brocca scorre un getto in pietra adorno di cinque stelle, che simboleggiano san Giovanni Nepomuceno, martire nel fiume Moldava.

Gli agenti atmosferici e il frequente sfregamento della statua da parte dei visitatori hanno danneggiato l'originale, che nel 1953 è stato trasferito alla Galleria Nazionale. Quella che potete ammirare oggi è una copia, che conserva inalterata la bellezza di Terezka: dopo questa visita magari anche voi vorrete cambiare il testamento.

Indirizzo Mariánské náměstí, 110 00 Praha 1 | **Come arrivare** Staroměstská (metro A oppure tram 2, 17, 18) | **Un suggerimento** Prendendo la Linhartská, presso il nuovo Municipio trovate una stele commemorativa in ricordo di Josef Kajetán Tyl, autore del testo dell'inno nazionale ceco. Fate attenzione perché dovrete piegarvi molto all'indietro: infatti la lapide in memoria di Tyl, che visse qui tra il 1840 e il 1843, è posta insolitamente in alto, in cima al terzo piano.

31 La fornace da calce

Un gigante di pietra ai margini della città

Più che ai margini della città, qui si ha la sensazione di essere arrivati addirittura alla fine del mondo. La fornace da calce si trova accanto a una pensione fatiscente in una zona abbandonata tra i sobborghi di Velká Chuchle e Slivenec. La fermata dell'autobus più vicina è appena a un chilometro di distanza, ma sono pochi i turisti che si spingono fin qui. Tuttavia, se vi piacciono le "attrazioni della tecnica" e apprezzate l'estetica degli edifici industriali del Novecento, non potete perdervi la fornace.

Con le sue quattro torri, questa imponente "scultura industriale" – come viene spesso definita – somiglia a un bizzarro piroscafo proveniente dal fantastico mondo del maestro dell'animazione cinematografica Karel Zeman. Secondo altri le torri sembrano bottiglie di champagne messe a raffreddare nei secchielli del ghiaccio. La fornace è stata costruita nella seconda metà dell'Ottocento per implementare il rivoluzionario sistema brevettato dal professor Jiří Pacold, che permetteva di lavorare qualsiasi tipo di calcare senza bisogno di selezionarlo prima della cottura.

La struttura rimase in funzione fino al 1938, utilizzando la pietra proveniente dalla vicina cava, poi l'edificio divenne fatiscente: anche se era considerato un'"attrazione della tecnica" già prima del crollo del regime comunista, cadde in uno stato di abbandono pressoché totale, cui contribuì anche la popolazione locale portandosi via un mattone dopo l'altro. Ma un gruppo di cittadini volenterosi ed entusiasti decise di sacrificare parte del suo tempo libero per salvare questo affascinante reperto industriale. L'impegno dei cittadini ha convinto un discendente degli antichi proprietari a restaurare l'edificio con l'aiuto del comune.

Attualmente però, non deve essere particolarmente soddisfatto della presenza di *geocacher* e proprietari di droni, i cui giocattoli spesso finiscono per sbaglio in una delle torri da cui vengono ripescati da una gru.

Indirizzo Pacoldova vápenka, V dolích 205, 159 00 Praha 5 | **Come arrivare** Smíchovské nádraží (metro B), poi Závodiště Chuchle (autobus 244) e Velká Chuchle (autobus 172), da qui salire per la strada principale. Uno steccato impedisce l'accesso diretto | **Orari** Non stop | **Un suggerimento** Circa 250 metri sotto la fornace, a sinistra del cartello con la scritta "Přírodní památka" inizia uno stretto sentiero escursionistico che sale su per la collina. Dopo una ripida salita (al bivio tenetevi a sinistra) si arriva a un punto panoramico da cui, oltre che il paesaggio, si gode di un'insolita vista della fornace stessa.

32_La funicolare

In giro con James Bond

Vi piacciono i vecchi film di James Bond? Allora vi confideremo un segreto. In realtà, chi ama i vecchi film di 007 non è attratto solo dal fascino di Sean Connery, dalle *Bond girls* o dai malvagi con intenti apocalittici, ma anche dalla tecnologia, che allora era futuristica e oggi ci fa sorridere. Se per un po' volete giocare a fare Bond, non potete rinunciare a fare un giro sulla funicolare dell'hotel NH Prague City a Smíchov: vi sembrerà proprio di rivivere la scena finale di *Agente 007 – Si vive solo due volte.*

La funicolare fu costruita nel 1996 ed è la terza e più recente tra quelle realizzate a Praga. Il suo compito è quello di collegare la parte in basso dell'hotel con quella più in alto, altrimenti gli ospiti sarebbero costretti a superare una distanza pari a 51 metri di dislivello oppure percorrere in auto una deviazione di oltre tre chilometri. Grazie all'impianto basta poco più di un minuto, e il panorama è incomparabile. In pratica si tratta di una funicolare che con l'aiuto di una costruzione simile a un ponte passa sopra a una zona del parco.

Il giro è gratuito, potete salire 24 ore su 24, come fanno probabilmente molti praghesi che abitano nei dintorni della parte alta dell'albergo. L'entrata è un po' nascosta: arrivando alla reception, sia nella parte bassa sia in quella in alto, dovete andare verso sinistra e cercare con lo sguardo una porta metallica, che sembra quella di un qualsiasi ascensore. E funziona come un'ascensore: non c'è un orario prefissato, basta spingere il bottone e la cabina arriva subito. Un genio al vostro servizio, come nei film.

Se non volete ripetere lo stesso percorso anche al ritorno, potete fare una passeggiata nel parco, da dove è possibile vedere la funicolare anche dall'esterno. Oppure camminare lungo una strada ormai abbandonata, la romantica via U Mrázovky, che vi condurrà davanti al portone di Villa Bertramka, dove Mozart ha composto il *Don Giovanni*.

Indirizzo Mozartova 261/1, 150 00 Praha 5, www.nhprague.com | Come arrivare Anděl (metro B oppure tram 4, 5, 7, 9, 10, 12, 15, 16, 20, 21) poi lungo la Plzeňská verso il cavalcavia, l'albergo si trova a sinistra in quella zona | Un suggerimento Uscendo dalla stazione in basso della funicolare, dirigetevi verso Anděl e attraversate le vie Na Zatlance e U Nikolajky: arriverete a un piccolo parco, Na Skalce, un'oasi di verde con uno stagno, una cascata e un padiglione in ghisa.

33 Garden Café Taussig

Molto più di un semplice caffè…

A Praga c'è un'ampia scelta di caffè e locali dove mangiare e bere all'aria aperta: ecco perché molti vengono definiti "giardini".

L'esterno del Garden Café Taussig occupa tuttavia un'area così estesa (quasi 8.000 metri quadrati) da far impallidire tutti gli altri locali del genere in città; eppure non molti lo conoscono. A prima vista il "giardino" può tranquillamente passare inosservato: dall'ingresso principale si vedono soltanto alcuni tavoli in fondo a un ampio viale lastricato di cemento. Ma se salite e prendete la lunga rampa a destra, accessibile ai disabili, arriverete a un sentiero con altri posti a sedere.

Dovrete andare voi stessi a prendervi una tazza di caffè e una fetta di torta perché non ci sono camerieri che servono ai tavoli, ma verrete ricompensati da una vista grandiosa sul Castello di Praga. Il sentiero prosegue snodandosi verso l'alto: arrivati in cima, nello splendido isolamento della collina, vi renderete conto del carattere davvero unico di questo luogo.

Il giardino digradante fa intuire che qui una volta doveva sorgere una vigna. Ma questo era molto tempo fa, quando il terreno e l'edificio annesso appartenevano alla famiglia Taussig. Inizialmente la tenuta era una specie di residenza estiva e cominciò a essere abitata per tutto l'anno solo a partire dall'inizio dell'Ottocento.

Da molti anni il sito è adibito a residenza per persone con disabilità mentale: un altro buon motivo per fermarsi a bere e mangiare qualcosa. Il caffè infatti fa parte di un progetto che permetterà ai residenti – che lavorano qui – di diventare abbastanza autosufficienti da potersi reintegrare nella società.

La funzione sociale del locale è annunciata dallo slogan – a prima vista un po' criptico – sul cartello esterno, che recita: "Garden Café Taussig. Un caffè che aiuta". Insomma, il Taussig è una bella sorpresa, inaspettata quanto i prezzi, estremamente ragionevoli per una zona come questa.

Indirizzo Vlašská 25, 118 00 Praha 1; www.cafe-taussig.cz | Come arrivare Malostranské náměstí (tram 12, 15, 20, 22), poi Nemocnice pod Petřínem, Karmelitská (autobus 192), salire su per la Tržiště e la Vlašská | Orari Maggio-settembre lun-ven 11-19, sab-dom 12-19 | Un suggerimento Un po' più giù nella Vlašská, davanti all'ambasciata tedesca, si trovano dei paracarri: una testimonianza del passato, quando i principali mezzi di trasporto erano carri e carrozze a cavallo. Da generazioni la parte superiore viene tirata a lucido dai bambini di Malá Strana che li utilizzano per giocare al salto della cavallina.

34 Il giardino di Palazzo Sternberg

Via dalla pazza folla

Basta fare pochi passi perché il fruscio dello spesso tappeto di foglie multicolori copra il rumore di fondo della metropoli. Nello stagno, sotto lo sguardo vigile di un'elegante cicogna in bronzo, nuotano pesci colorati. I visitatori parlano sottovoce per non disturbare la magica tranquillità del luogo. Sembra di trovarsi nel giardino di una casa di campagna, invece siamo a pochi metri di distanza da uno dei luoghi più turistici di Praga: piazza Hradčany. Benvenuti nel giardino di Palazzo Sternberg.

Ci saranno probabilmente diverse ragioni per cui pochi conoscono questo luogo affascinante. Innanzitutto, il palazzo non è visibile dalla piazza Hradčany: l'ingresso è dalla parte sinistra del Palazzo Arcivescovile e per entrarvi occorre percorrere un vicolo stretto. Qui sono esposte le opere di una delle collezioni permanenti della Galleria Nazionale, e a pochissimi viene in mente di dire alla cassa di voler vedere solo il giardino, rimandando a un altro momento la visita ai preziosi dipinti di El Greco, Goya, Rubens, Dürer e alle sculture di Rodin.

Dopo la maratona d'arte i visitatori sono spesso troppo stanchi per fare una passeggiata nel verde. È un peccato, anche perché il giardino ospita interessanti sculture di artisti cechi della prima metà del Novecento. Tra l'altro, l'ingresso è situato nella parte posteriore del cortile interno, a sinistra, in un corridoio che conduce alla toilette.

Proprio in questo chiostro, infatti, si trova un delizioso caffè perfettamente all'altezza di questo tempio dell'arte, anche se l'offerta di cibi e bevande sembra essere rimasta ferma agli anni Ottanta. Al fascino del luogo contribuisce inoltre la gentilezza del personale che non solo vi permette di portare con voi in giardino la vostra tazza di caffè, ma vi presta anche un cuscino per mettervi comodamente seduti.

Indirizzo Šternberský palác, Hradčanské náměstí 15, 118 00 Praha 1; ngprague.cz/objekt-detail/sternbersky-palac | **Come arrivare** Pohořelec (tram 22), proseguire in direzione del Castello | **Orari** Aprile-ottobre (le date possono variare a seconda delle condizioni atmosferiche) mar-dom 10-18 | **Un suggerimento** Se volete trovare un altro angolo di natura nel bel mezzo della città, prendete il sentiero pedonale che attraversa lo Jelení příkop. Uno degli ingressi si trova sulla via U Brusnice; attraversando questa piccola valle si può raggiungere la stazione della metropolitana Malostranská.

35 Gourmet-Passage Dlouhá

Il paradiso dei buongustai

Quello tra le vie Dlouhá e Haštalská era fino a poco tempo fa uno degli ultimi *passages* non ancora ristrutturati del centro di Praga. Oggi è un posto ideale per tutti coloro che apprezzano la cucina di alta qualità, la freschezza degli ingredienti e l'originalità delle idee.

Nel Bistro Sisters, ad esempio, potrete gustare squisiti sandwich *à la tchèque*; My Raw Café propone un'ampia scelta di formaggi e di dolci mentre Via Del Vino offre squisiti vini italiani. Nella macelleria Naše maso non si acquista solo carne da cuocere, ma anche tartare, pastrami, bistecche e altre prelibatezze preparate sul momento. La cena è particolarmente apprezzata ma ci sono solo sette posti a sedere e la lista d'attesa è lunga.

Il *passage* è un'idea della moglie del proprietario italiano dell'immobile, che ha preso anche un'altra iniziativa: sulla cornice sotto al soffitto spiccano delle lettere in rilievo che formano frasi come "Sì, andremo fino in fondo" oppure "Hai un solo figlio, non è vero? Beh, basta e avanza". Purtroppo non c'è alcuna traduzione ma forse i passanti possono aiutarvi a capirle, se non altro per ringraziarvi di aver prestato attenzione a questa installazione permanente dell'artista ceco Roman Týc.

L'opera di Týc si può interpretare come un monumento alla banalità oppure come celebrazione della vita quotidiana. La spiegazione dell'artista tuttavia è diversa: i malandati *passages* gli ricordavano l'era comunista, quando gli agenti segreti adibiti alle intercettazioni dei "nemici dello Stato" dovevano scremare una gran quantità di affermazioni banali.

Utilizzando in maniera diversa la stessa tecnica, nella convinzione che lo spionaggio sia ancora un argomento di attualità, Týc è rimasto tre mesi sul posto: le frasi iscritte nel passaggio dei gourmet sono stralci di conversazioni tra i passanti. Anche le parole dell'ormai celebre macellaio locale sono scolpite nella pietra. Vi diamo un indizio: l'argomento sono gli aerei…

Indirizzo Dlouhá 39, 110 00 Praha 1; www.gurmetpasazdlouha.eu | Come arrivare Dlouhá třída (tram 6, 8, 15, 26) | Orari Il *passage* è sempre aperto, ma gli orari dei singoli negozi variano | Un suggerimento Se avete ancora fame, al 33 di Dlouhá troverete la locanda Lokál dove potrete gustare un'ottima birra insieme a piatti tradizionali della cucina boema a base di ingredienti scelti e preparati con cura.

36 Havlíčkovy sady

Tra eleganza e ideologia

Quando l'industriale tedesco Moritz Gröbe decise di stabilirsi a Praga negli anni Settanta dell'Ottocento, scelse un ampio vigneto soleggiato tra Vinohrady e Vršovice dove costruì una lussuosa villa in stile neorinascimentale circondata da un giardino all'inglese. Purtroppo Gröbe non fu affatto fortunato: riuscì a godersi la villa e le feste in giardino per soli tre anni, poi morì improvvisamente.

I suoi eredi vendettero la proprietà al comune, che nel 1906 l'aprì al pubblico. Il nome ufficiale del sito è Havlíčkovy sady (Giardini di Havlíček), ma è noto ai praghesi semplicemente come Grébovka. Ancora per molti anni dopo il 1989 l'area era deserta e inospitale; successivamente la ricostruzione del parco le ha restituito il volto originale.

Sul versante meridionale si trova il vigneto – già ammirato da Carlo IV – con un imponente pergolato di legno sotto il quale fermarsi a gustare il vino locale. Nella parte superiore del parco c'è una grotta artificiale con fontana e statua di Nettuno che farà la felicità dei romantici. Nell'Ottocento il padiglione, oggi adibito a caffè, era una sorta di sala giochi, con tiro a segno, scacchiere e una storica pista da bowling tuttora esistente: insomma, un luogo all'insegna del relax e del divertimento.

La villa è stata completamente ristrutturata: durante la Seconda guerra mondiale fu usata dalla Gioventù hitleriana e dopo il 1953 dall'Organizzazione giovanile dei pionieri. Oggi ospita una ONG che organizza programmi di formazione per esperti di giurisprudenza provenienti dalle democrazie emergenti, supportando così i processi di riforma legislativa in quei paesi.

La casa viene aperta solo in occasione della tradizionale vendemmia autunnale. Non sorprendetevi per la falce e il martello che ornano la scala di marmo: il simbolo comunista è parte della storia e come tale è stato lasciato al suo posto, anche se è probabile che avrebbe fatto drizzare i capelli in testa all'elegante Moritz Gröbe.

Indirizzo Havlíčkovy sady, 120 00 Praha 2 | Come arrivare Krymská (tram 4, 22), proseguire a piedi; l'ingresso per le auto si trova sulla Rybalkova ulice | Orari Tutti i giorni settembre-aprile 6-22, maggio-agosto 6-24 | Un suggerimento "La verità vince, ma è una gran fatica". Questa citazione e il busto del suo autore, il ministro degli Esteri del dopoguerra Jan Masaryk, si trovano presso il cancello della villa al n. 22 della strada che porta il suo nome. Masaryk nacque a Villa Osvěta nel 1886.

37 Hotel International

Il sogno di un pasticcere matto

Testimonianza del concetto di lusso durante il regime comunista, questo hotel è un notevole esempio di realismo socialista – lo stile artistico e architettonico esportato dall'Unione Sovietica nei suoi stati satelliti, ormai divenuto obsoleto e oggetto di critica da parte degli storici dell'arte.

Il monumentale edificio sormontato dalla stella a cinque punte venne costruito tra il 1952 e il 1956. Inizialmente concepito come una struttura militare, in seguito è stato adibito ad alloggio per le delegazioni sovietiche. Sotto la guida del famigerato ministro della Difesa Alexej Čepička, che sognava la partecipazione dello stesso Stalin alla cerimonia di inaugurazione, l'edificio assunse dimensioni tali da essere definito il "sogno di un pasticcere matto". Alla fine Stalin non poté venire (era morto nel 1953) e quando il regime si rese conto che le visite delle delegazioni sovietiche in Cecoslovacchia non erano così frequenti, l'International divenne un hotel di lusso per i turisti stranieri.

Entrando nell'atrio vi sembrerà di essere in un normale albergo. Ma fate caso ai particolari, come le maniglie delle porte dorate, le colonne di marmo o le foglie di tiglio che decorano il soffitto. Vicino al bar, un grande arazzo ingiallito raffigura il panorama di Praga con il monumento a Stalin sulla collina di Letná, soprannominato dai cechi "fila per la carne", che fu fatto saltare in aria alla fine del culto della personalità staliniana, nel 1962.

Vale la pena visitare anche gli spazi riservati ai vip al 14° e 15° piano: se li trovate chiusi, chiedete alla reception di lasciarvi entrare. Notevoli gli enormi lampadari di cristallo e il mosaico a fiori di Max Švabinský che ornano le scale e il giardino d'inverno da cui si ha una vista mozzafiato della città.

Non resta che immaginare un gruppo di impettiti generali sovietici con vodka e caviale ed eccovi catapultati nella Cecoslovacchia dell'era comunista.

Indirizzo Koulova 15, 160 00 Prag 6; www.internationalprague.cz | **Come arrivare** Dejvická (metro A), poi Nádraží Podbaba (tram 8, 18) | **Orari** Non stop | **Un suggerimento** Prendete l'autobus 116 o 160 vicino all'hotel e scendete alla fermata Břetislavka: qui potrete fare una bella passeggiata nella pittoresca V Šáreckém údolí ammirando antiche ville, mulini e tenute agricole.

38_Idiom

La fisica del linguaggio

Jorge Luis Borges è autore di un racconto dal titolo *La biblioteca di Babele*, ed è un peccato che il grande scrittore argentino non possa vederla realizzata proprio qui, a Praga. Nell'atrio della biblioteca comunale infatti si innalza imponente una torre di libri alta cinque metri dal titolo *Idiom*.

Per costruire la variopinta installazione l'artista slovacco Matej Krén ha utilizzato 8.000 libri. Nella parte inferiore, proprio al centro di questo colosso per bibliofili, Krén ha ricavato un'apertura. Se date un'occhiata all'interno rimarrete senza fiato: un assortimento di specchi moltiplica la prospettiva creando una torre di libri senza fine. Per non perdere l'illusione ottica bisogna stare attenti a non piegarsi troppo, altrimenti vedrete la vostra immagine riflessa, rompendo l'incantesimo.

Nel 1994, la scultura ha ricevuto il Premio della critica e del pubblico alla Biennale di San Paolo e la sua foto è stata pubblicata sulla copertina della rivista *Science*.

Nel 1998 *Idiom* è stata installata in modo permanente all'interno della biblioteca comunale, che oggi dispone di oltre 344.000 libri: una ricchezza di generi, lingue e autori diversi riassunta nella singolare scultura di Krén in cui sono accatastate opere d'avanguardia, classici, rarità preziose, libri spazzatura e romanzetti rosa, testi di autori cechi e internazionali, famosi o completamente dimenticati.

Di tanto in tanto, tuttavia, qualche visitatore audace, volendo mettere alla prova le leggi fondamentali della fisica, cerca di estrarre un libro dalla torre. Ogni anno perciò, la biblioteca deve consolidare di nuovo la scultura e sostituire i libri che hanno perso la capacità di carico. *Idiom* è quindi in continua trasformazione, in linea con l'evoluzione del linguaggio e i suoi spostamenti idiomatici.

"Nessuno può articolare una sillaba che non sia piena di tenerezze e di terrori; che non sia, in uno di quei linguaggi, il nome poderoso di un dio", scrive Borges.

Indirizzo Biblioteca comunale, Mariánské náměstí 1/98, 110 00 Praha 1; www.mlp.cz | Come arrivare Staroměstská (metro A oppure tram 2, 17, 18) | Orari Lun 13-20, mar-gio 9-20, sab 13-18 | Un suggerimento Se siete a corto di soldi, al piano terra c'è una caffetteria con gli spuntini più economici della città…

39 Il cimitero dei bambini

Per non dimenticare

Nella zona nord del cimitero di Ďáblice, si stende un prato verde ombreggiato dalle chiome di grandi alberi. Questo luogo apparentemente pacifico e sereno è invece intriso di crudeltà e tristezza: le file di lapidi che vi sono allineate ricordano 43 bambini le cui madri furono internate nei campi di lavoro comunisti negli anni Cinquanta.

Un crimine sconosciuto ai più: i bambini morirono di stenti dopo essere stati portati via alle madri e abbandonati a se stessi senza alcuna pietà. Le piccole salme vennero seppellite in gran segreto all'interno di pozzi profondi, le loro bare ammassate l'una sull'altra insieme ai cadaveri di prigionieri adulti e a resti umani provenienti dall'istituto di patologia.

Nel 1968 cominciarono a diffondersi notizie frammentarie sull'esistenza di queste fosse comuni. La verità era nota anche ad alcune famiglie alla ricerca di parenti scomparsi, per le quali la polizia segreta aveva avuto compassione. Fu loro tuttavia severamente proibito erigere lapidi in memoria dei loro cari e i pozzi vennero riempiti di rifiuti provenienti dal cimitero.

Solo dopo il 1989 la Confederazione dei prigionieri politici riuscì a rintracciare negli archivi almeno una parte dei nomi di queste persone e a costruire delle tombe in loro memoria. Oltre al cimitero dei bambini, qui si trovano le lapidi di 207 oppositori del regime, tra cui quella di Josef Toufar, eroico sacerdote torturato a morte dalla polizia segreta. Alle spalle delle tombe, un monumento ricorda i combattenti della Resistenza assassinati dai nazisti. I pozzi rimasero in uso fino al 1943 e furono usati per seppellire i paracadutisti che avevano attentato alla vita del vice protettore del Reich Reinhard Heydrich.

Al di là di qualche commemorazione occasionale, il cimitero è praticamente sconosciuto: questo non cambia il fatto che sono pochi i luoghi in cui la mostruosità del regime comunista si è manifestata in forma tanto esplicita e brutale.

Indirizzo Cimitero di Ďáblice (ingresso nord), Ďáblická, 182 00 Praha 8 | Come arrivare Ládví (metro C), poi Ďáblický hřbitov (autobus 103, 368) | Orari Gennaio-febbraio, novembre-dicembre 8-17; marzo-aprile, ottobre 8-18; maggio-settembre 8-19 | Un suggerimento Dalla stazione della metropolitana di Ládví, prendere l'autobus 166 fino all'ex poligono di tiro di Praga-Kobylis (Kobyliská střelnice), che durante la Seconda guerra mondiale fungeva da luogo di esecuzione. Dopo l'attentato a Reinhard Heydrich, i nazisti massacrarono qui centinaia di persone, tra cui lo scrittore Vladislav Vančura, il generale Alois Eliáš e una parte degli abitanti di Lidice.

40 L'impianto di depurazione

Forza, calatevi anche voi con la corda!

Ricordate la scena iniziale di *Mission Impossible IV*, in cui Tom Cruise evade da una prigione russa? Se solo per un istante volete sentirvi come questo eroe senza paura, non serve che andiate fino a Mosca. Infatti la fuga attraverso il canale di scolo è stata girata nella città di Praga, all'interno dell'impianto di depurazione di Bubeneč. Dimenticatevi però gli scarichi maleodoranti: l'edificio in stile liberty con i maestosi comignoli e il labirinto sotterraneo è una meta davvero particolare.

Fino all'Ottocento le acque di scarico finivano direttamente nella Moldava. In seguito l'ingegnere inglese William H. Lindley fu incaricato di progettare un nuovo sistema di canalizzazione. Il progetto era così moderno che la città poté vantarsene anche all'estero. Lindley fece costruire cento chilometri di canali, che sfruttando la pendenza naturale raccoglievano le acque di scarico anche della parte bassa della città. La canalizzazione fu costruita su due livelli per poter affrontare le piene. L'intero sistema fu completato nel 1906 con il depuratore di Bubeneč.

Per l'aspetto, e allo stesso tempo per il prezioso compito svolto, l'edificio fu soprannominato "Il puzzolente Karlštejn". Qui scorrevano ogni giorno centoventi milioni di litri di acque reflue, che dapprima erano convogliate verso una griglia che filtrava il grosso delle impurità, poi proseguivano attraverso un separatore delle sabbie e infine arrivavano in un bacino di decantazione, dove le pompe a vapore eliminavano altro sporco, raccogliendone anche trenta vagoni al giorno.

L'impianto è stato in uso fino al 1967. Oggi è un museo in cui ammirare i canali, le vasche e i macchinari ancora funzionanti della ditta Breitfeld & Daněk. Sembrano usciti direttamente dai romanzi di Verne.

Con l'aiuto della guida i più coraggiosi possono arrampicarsi sui comignoli di ventilazione e calarsi all'interno dell'impianto. Tom Cruise ci sarebbe riuscito con una mano sola. E voi?

Indirizzo Museo Stará čistírna, Papírenská 6, 160 00 Praha 6; www.stara-cistirna.cz | **Come arrivare** Hradčanská (metro A), poi Goetheho (bus 131), attraversare il ponte della ferrovia fino alla Papírenská | **Orari** Visite guidate lun-ven 11, 14, sabato e festivi 10, 11:30, 13, 15, 16:30 | **Un suggerimento** Alla fine della visita fermatevi a bere una birra a Na Slamníku (Wolkerova 566/12), un locale cult diventato famoso per i concerti di rock alternativo. Oggi però è più facile incontrarvi i diplomatici della vicina ambasciata russa piuttosto che gli appassionati di musica rock.

41_Le insegne delle case

I simboli della Praga antica

La via Nerudova, l'ultima tappa della Via Reale, è una meta obbligata di qualsiasi itinerario turistico. Ma aspettate un attimo! Se alzate lo sguardo al di sopra dei negozi di souvenir e delle trappole per turisti scoprirete un mondo affascinante: quello dei simboli e degli stemmi che davano il nome alle case di Praga.

Fino al Settecento, quando Maria Teresa introdusse i numeri civici, i rilievi e le piccole sculture che ornavano le case erano essenziali per l'orientamento. A Praga se ne sono conservate circa duecento e le più belle si trovano proprio sulla Nerudova. Le insegne indicavano la posizione, la professione o il nome del proprietario dell'abitazione, ma la loro origine può essere determinata solo per una piccola parte. Un'eccezione è la casa "Ai tre violini", abitata da tre famiglie di liutai; si narra che nelle notti di luna piena si possa sentire ancora un concerto di fantasmi. La casa "Alla coppa d'oro" apparteneva invece a un orafo. L'oro era senz'altro uno degli attributi preferiti, come dimostrano i nomi di una serie di abitazioni: "All'aquila d'oro" o "Alla chiave d'oro". Alcune insegne recano figure scolpite, altre piccoli dipinti, come "Al ferro d'oro di cavallo" su cui è raffigurato san Venceslao a cavallo.

Vi sono poi i soggetti animali, come l'agnello rosso o il gambero verde; più rari i vegetali, come la rapa bianca. Un caso insolito è quello dello splendido Palazzo Morzin, oggi sede dell'ambasciata rumena: i due Mori che sostengono il balcone hanno dato il nome alla casa.

Una delle maggiori attrazioni – quasi in cima alla Nerudova – è la famosa casa "Ai due soli". Qui viveva Jan Neruda, il grande scrittore che ha dato il nome alla via, autore dei pittoreschi *Racconti di Malá Strana*. Se non siete ancora stanchi proseguite la passeggiata su via Úvoz. Se invece il collo vi fa male a forza di guardare in alto, prendete a destra per il Castello e godetevi il meraviglioso panorama di Praga.

Indirizzo Nerudova, 118 00 Praha 1 | **Come arrivare** Malostranské náměstí (tram 12, 15, 20, 22), attraversare la piazza e imboccare la salita della Nerudova | **Un suggerimento** Nel XIII secolo la Nerudova fu divisa a metà dal muro del Castello costruito da Přemysl Otakar II. Nel punto in cui la strada si restringe in corrispondenza della casa verde al n. 19, la porta di Strahov divideva in due la strada. Attenzione: nella notte tra il venerdì e il sabato arriva un cocchio con uno scheletro che aspetta di essere liberato da una maledizione…

42 Invalidovna

Un gioiello barocco a rischio

Il Palazzo degli invalidi è un imponente edificio che non ha nulla da invidiare al modello francese – eppure il progetto è stato realizzato solo in minima parte. Oggi, i suoi lunghi corridoi deserti e i soffitti a volta attirano soprattutto i cineasti.

È qui che F. Murray Abraham ha interpretato il ruolo di Salieri nel memorabile *Amadeus* di Miloš Forman. Il palazzo è di rado aperto al pubblico, ma anche all'esterno si può percepire la sua atmosfera del tutto particolare.

Proprio come l'Hôtel des Invalides a Parigi, il palazzo di Karlín è stato concepito a beneficio dei veterani di guerra. Nel 1737, sette anni dopo l'inizio dei lavori, la costruzione fu interrotta per mancanza di denaro. Così, la capienza di 4.000 residenti originariamente prevista dovette essere ridimensionata. Dopo breve tempo, nella zona aprirono varie officine, una panetteria, una macelleria, un ospedale, una cappella e persino un carcere. Il palazzo mantenne la sua funzione fino al 1935, dopodiché i soldati furono spostati in una nuova residenza. Nel dopoguerra vi furono trasferiti prima l'archivio e la rivista del Museo nazionale della tecnica e poi l'archivio militare. Nel 2002, durante l'"alluvione del secolo", l'acqua arrivò a un'altezza di 3,2 metri, danneggiando a tal punto i materiali che si rese necessario congelarli: saranno restaurati non appena lo Stato avrà i soldi per farlo.

Dal 2013 l'edificio è disabitato. L'Università Carolina ha mostrato un certo interesse, ma non ha i due miliardi di corone necessari per trasformarlo in un campus. È probabile che lo Stato lo venda a un investitore privato e si teme che – come spesso accade a Praga – l'edificio verrà sottoposto ai necessari interventi di ristrutturazione senza rispettare le condizioni indicate dagli esperti. Invalidovna potrebbe quindi perdere irrimediabilmente il suo carattere unico: è un vero peccato che i palazzi non possano essere congelati in attesa di tempi migliori!

Indirizzo Za Invalidovnou 3, 186 00 Praha 8 | **Come arrivare** Invalidovna (metro B o tram 3, 8, 24), poi lungo la Sokolovská per circa 150 metri in direzione Kaizlovy sady | **Orari** Solo eccezionalmente aperto al pubblico, ad esempio durante il festival Open House (www.openhousepraha.cz/en/) | **Un suggerimento** Nel quartiere c'è solo un altro edificio barocco di un certo interesse: la piccola cappella nei pressi dell'ex cimitero militare, di fronte al n. 59 di Pernerova ulice.

43_Jeep Bar

Una birra tra cannoni e mezzi corazzati

Immaginate una tranquilla zona residenziale, un piccolo cancello che si apre su un giardino e… un cannone sul prato. Proprio così: un pezzo d'artiglieria autentico che troneggia sull'erba davanti a questo locale in cui, a dispetto del nome, si trova di tutto tranne che una jeep.

Eppure lo spirito della leggendaria vettura è onnipresente: sopra al cancello d'ingresso è appesa la griglia anteriore della macchina, simile alle corna di bisonte usate a mo' di insegna negli accampamenti dei vagabondi.

Pezzi di ricambio e manifesti dedicati al celebre fuoristrada – che secondo alcuni avrebbe aiutato gli americani a vincere la Seconda guerra mondiale – ricoprono anche le pareti del locale, dove ci si può sedere a bere una birra al banco o poggiando la pinta su un tavolino. Qui è tutto un inno al made in Usa: già dal 1993 la bandiera a stelle e strisce sventola sul pennone.

In giardino si sorseggia birra alla spina seduti intorno a barili di gasolio e le sigle militari si sprecano, come la scritta UNRRA che campeggia su una carriola con l'indicazione delle dimensioni e del contenuto del carico.

Il paesaggio è dominato dal grill ricavato da un vecchio vagone cisterna: un'autentica stella del cinema, già apparsa in *Dark Blue World* di Jan Svěrák. Altri pezzi come il veicolo corazzato OT-810 hanno preso parte a diverse produzioni cinematografiche, anche se quasi sempre dalla parte dei cattivi, ossia l'esercito nazista.

Come avrete capito il proprietario del Jeep Bar è un appassionato di storia militare e interessato a qualsiasi tecnologia bellica, senza alcuna remora ideologica. Il cannone è in realtà un obice sovietico che un tempo si ergeva come monumento all'Armata Rossa in Moravia. A differenza di reperti simili, la sua esistenza non si è conclusa in un museo o peggio in un deposito di rottami, ma grazie ad amorevoli cure, punta orgoglioso verso il cielo di Smíchov, mentre la clientela si abbandona ad abbondanti libagioni.

Indirizzo Pod Lipkami 16, 150 00 Praha 5; www.jeepbar.cz | Come arrivare Anděl (metro B), poi Klamovka (tram 9, 10, 15, 16, 21), di qui salire per la Podbělohorská fino a Pod Lipkami | Orari Lun-ven 18-24 | Un suggerimento Al n. 24 della stessa strada si trova un cartello che indica che nelle vicinanze c'era una cava da cui è stata ricavata la prima pietra del Teatro Nazionale. Il proprietario del garage accanto a cui è appeso il cartello deve avere uno strano senso dell'umorismo: i documenti storici relativi alla fondazione del santuario della cultura ceca non fanno alcuna menzione di questo luogo.

44 Karlín

Il quartiere sull'acqua

Nell'ultimo quarto di secolo nessun altro quartiere di Praga ha subìto cambiamenti così radicali come Karlín. In quella che prima della Rivoluzione di velluto del 1989 era una zona popolare e fatiscente – tanto che era famoso il detto "Da Libeň e Karlín meglio andarsene alla svelta" – oggi sorgono eleganti palazzi accanto a edifici storici restaurati. La gente non passa più il tempo libero nelle bettole piene di fumo, ma nei caffè, nei bistrot, nei negozi chic e nei parchi.

Il quartiere fu progettato nel 1817 per impedire la temuta edilizia selvaggia dovuta all'afflusso nella zona di masse operaie. Viali e alloggi vennero costruiti secondo norme rigorose: una rete ortogonale di strade della larghezza massima di 22 metri ed edifici alti non più di due piani; la posizione della scuola, della chiesa e delle osterie fu determinata con precisione.

La Křižíkova ulice è un buon esempio di come l'architettura sia cambiata nel corso del lungo periodo di edificazione del quartiere. Seguitela dal viadotto Negrelli – all'epoca uno dei più lunghi d'Europa – e vi accorgerete di come, a partire più o meno dalla Lyčkovo náměstí, gli edifici neoclassici lascino gradualmente il posto ai palazzi art nouveau.

L'era comunista, durante la quale il quartiere versava in cattive condizioni, appare quindi un'"anomalia" storica. Nella seconda metà degli anni Novanta, i promotori di progetti iniziarono a riqualificare i vecchi edifici industriali, rendendo così Karlín un quartiere appetibile per i benestanti. Paradossalmente, l'alluvione del 2002 ha accelerato il processo di gentrificazione: i danni subìti da molti edifici in quell'occasione spinsero i residenti di lunga data a trasferirsi altrove causando anche la demolizione di beni architettonici posti sotto tutela.

Un'autentica vergogna in cui hanno avuto un ruolo anche i costruttori di cui sopra, che non sono stati all'altezza del loro compito. Ma questa è un'altra storia.

Indirizzo Karlín, 180 00 Praha 8 | Come arrivare Florenc (metro B, C), proseguire sulla Ke Štvanici e Křižíkova e attraversare il viadotto Negrelli | Un suggerimento Karlín offre un'ampia gamma di locali. Uno dei più originali è il Divoké matky, in italiano "Madri selvagge", al n. 2 della Hybešova. Se il nome non vi dice nulla, ecco lo slogan ufficioso del locale: "Madri selvagge: per voi e per i vostri marmocchi!"

45 Klamovka

La birreria incantata

Il grande slavista italiano Angelo Maria Ripellino ha definito Praga la "città magica" e anche voi sarete d'accordo quando la tiepida brezza vi attirerà all'ombra dei castagni nel giardino del ristorante Klamovka. Eppure su questo luogo incantato pesa anche una storica maledizione.

Il parco e il piccolo castello barocco furono fatti costruire nel Settecento da una famiglia nobile, i Clam-Gallas, da cui il nome Klamovka. Circa un secolo dopo il palazzo fu acquistato dal borgomastro di Košíře. Nel tentativo di attirare un gran numero di ospiti nel suo ristorante, il borgomastro finanziò la costruzione di una ferrovia elettrica che partiva da Anděl, ma per questo progetto si coprì di debiti e alla fine si arrese. A suo figlio non andò meglio: all'inaugurazione dello zoo nel parco un orso si liberò dalle catene e uccise un bambino.

Al giorno d'oggi Klamovka è conosciuta soprattutto per essere stata il centro non ufficiale della dissidenza negli anni Ottanta. Da sopra il bancone veglia una foto a colori della *Madonna di Košíře*, ritrovata tempo fa dal leggendario gestore del locale. Il ritratto della dama misteriosa divenne il logo del giornale *Revolver Revue*, pubblicato illegalmente in quegli anni attraverso il samizdat. Il dipinto non sopravvisse alla nuova era e fu rubato nel 1995. Anche il gestore dovette cedere l'attività a causa dell'affitto elevato.

Attualmente Klamovka è stata restaurata ed è una tipica osteria ceca. A volte il nuovo gestore ospita concerti di band sconosciute, organizza grigliate a base di maialino o noleggia pattini per bambini. Il servizio spesso lento e svogliato conferisce al locale il fascino tipico della birreria. È un po' come se la maledizione continuasse ad aleggiarvi. Però non c'è motivo per starne alla larga: il locale potrà anche essere sotto l'influsso di un incantesimo, ma vale senza dubbio la pena di venirci a bere una birra d'estate. Forse è rimasta ancora un po' di magia...

Indirizzo Klamovka 2051, 150 00 Praha 5; www.zahradnirestaurace.cz | **Come arrivare** Klamovka (tram 9, 10, 15, 16, 21 o bus 123, 143, 167, 191). L'ingresso del parco è di fronte alla fermata mentre la birreria è cento metri più avanti | **Orari** Tutti i giorni dalle 11 alle 24 | **Un suggerimento** A Praga ci sono diverse statue equestri, ma a Klamovka ce n'è una assolutamente da vedere, dedicata soltanto al cavallo, il destriero preferito di un membro della famiglia Clam-Gallas. Trovate la colonna con la testa di cavallo sulla sinistra a pochi passi dall'ingresso del parcheggio.

46 Klub 007

La leggenda underground di Strahov

Qualcuno potrebbe pensare che il "Sette di Strahov" possa essere messo in ombra da locali più grandi e centrali, anche perché si tratta soltanto di un club di studenti. Ma alle orecchie degli intenditori il suo nome è musica, e non è solo un modo di dire: il tecnico del suono che ci lavora da venticinque anni è diventato un mito.

Non c'è un altro club sulla scena musicale ceca che abbia avuto un ruolo così importante. Nato nel 1969 in uno scantinato della casa dello studente, è diventato il più vecchio club musicale a Praga rimasto ancora in attività.

La sua storia rispecchia anche il susseguirsi di stili a suo tempo considerati alternativi. Tra la fine degli anni Sessanta e l'inizio dei Settanta è stata la volta dei cantanti folk, seguiti poi da jazz rock, disco, new wave, underground e punk. Qui sono stati organizzati spettacoli teatrali, proiezioni cinematografiche e nonostante le pressioni del regime gli studenti che gestivano il locale sono riusciti a preservarne il carattere relativamente libero.

Nel 1987 Ivo Kučera era uno di loro. Ha continuato a gestire il locale fino a oggi, diventando leggendario come il suo Sette. Magari dipende anche dall'atmosfera intima della sala, che ospita al massimo 180 persone. Oppure è quella particolare energia che continua ad attirare gruppi innovativi. Il club affitta gli spazi direttamente agli organizzatori dei concerti.

Negli anni Novanta era la roccaforte dell'hardcore, mentre oggi non si fanno preferenze, c'è spazio per tutti i generi. Troverete sia gruppi con uno sparuto numero di ammiratori sia musicisti che poi si sono esibiti al festival di Glastonbury, come ad esempio la band inglese The XX.

Può persino capitare di vivere un momento memorabile durante il concerto di un gruppo che sta quasi per sciogliersi. Per citare Ivo Kučera: "Frequentare un locale è sempre un'esperienza unica. Non si sa mai cosa ne verrà fuori".

Indirizzo Chaloupeckého 1915/7, 169 00 Praha 6; www.klub007strahov.cz | **Come arrivare** Karlovo náměstí (metro B), poi Stadion Strahov (bus 176) lungo lo stadio fino all'isolato successivo | **Orari** Dom-gio 19-24, ven-sab 19-1; i concerti terminano alle 22 in punto | **Un suggerimento** Se arrivati a Strahov vi viene fame e non sono ancora le 20:30 (o le 19:30 se è venerdì o sabato), potete andare alla mensa universitaria di Jezdecká: i prezzi sono da studenti e la qualità delle pietanze è buona.

47 Il lampione stradale

Arte cubista in piazza Jungmann

Lo trovate sulle copertine dei libri di design e di architettura, ma probabilmente non l'avete mai visto dal vivo. Il lampione di Emil Králíček, icona del cubismo ceco, è nascosto in un angolo di piazza Jungmann, vicino all'entrata del giardino della chiesa della Vergine della Neve.

In realtà è qui quasi per caso. Tra il 1912 e il 1913 l'architetto Králíček progettò la farmacia di piazza San Venceslao, e doveva rimettere in sesto le facciate posteriori delle case su piazza Jungmann e dintorni. Fece anche ricostruire le antiche mura del giardino e il portale con il rilievo in pietra della Madonna, inserì perfino delle aiuole nel selciato, che purtroppo non si sono conservate. Ma soprattutto illuminò gli angoli oscuri e meno accoglienti con un lampione stradale in stile cubista.

All'inizio fu un fiasco: la stampa lo derise, scrivendo che il lampione era solo pubblicità per la vicina taverna U Pinkasů, dato che i blocchi piramidali di pietra artificiale messi uno sull'altro a formare la colonna ricordano una botte di birra.

Fino agli anni Novanta la piccola panca di pietra ai piedi della colonna puzzava di urina e spazzatura. Oggi invece intorno al lampione è tutto pulito, ma per precauzione la lampada in vetro e metallo in cima alla colonna è stata sostituita con una copia, mentre l'originale è conservato nella Galleria della città di Praga.

Il lampione artistico ha un grande merito: mentre in precedenza le panchine, le fermate dei tram e i bidoni della spazzatura erano considerati solo in base alla loro funzione e durata, il lampione cubista ha messo in luce come elementi apparentemente poco appariscenti influenzino il quadro d'insieme della città. Anche per questo oggi l'arredo urbano è spesso affidato ad architetti e designer di punta.

Il lampione è stato un vero e proprio pioniere per i suoi tempi e ancora oggi rimane un esempio non trascurabile dell'importanza degli arredi urbani di qualità.

Indirizzo Jungmannovo náměstí, 110 00 Praha 1 | Un suggerimento D'estate l'insegna sul portone dietro il lampione vi attirerà nel giardino della birreria U Pinkasů. Resterete sbalorditi dallo spazio lungo e stretto a cielo aperto, chiuso da un lato dal muro di una casa e dall'altro dalle massicce mura della chiesa della Vergine Maria della Neve: vi sembrerà di essere davvero in una taverna del Medioevo.

48 La latteria

Punti di vista che cambiano

A Riegrovy sady c'è un piccolo edificio del 1830 dal quale un tempo si riusciva a vedere il Castello di Praga. Eppure alla fine del Novecento le prospettive per questa costruzione classicista non erano rosee: quarant'anni di abbandono reclamavano il loro tributo, rendendo necessaria la ricostruzione della struttura situata al centro del parco. Vista tuttavia la lontananza del sito dal sistema fognario, e l'assenza di corrente e acqua, il comune trovò l'operazione troppo costosa, tanto da pensare di abbatterlo.

Quando Jakub Vakoč si presentò come investitore, nessuno pensò di aiutarlo. Come dire: ogni edificio storico ha diritto al proprio destino d'estinzione.

Dopo infinite trattative seguite da una ricostruzione basata sulla memoria e per quanto possibile fedele all'originale, grazie a Vakoč oggi è sorto un accogliente locale chiamato Mlíkárna (latteria). E non è un caso: nel 1902 qui c'era una pasticceria che acquistava il latte delle mucche che pascolavano a Riegrovy sady.

Oggi il latte si beve soltanto nel caffè, ma sempre sotto lo stesso splendido soffitto a volta. Il corrimano che fiancheggia le scale esterne è una copia ben riuscita dell'originale e lo stesso vale per la facciata intonacata per ottenere un effetto legno. Questa è stata la parte più complessa: per quanto i muratori facessero del loro meglio, il risultato era sempre insoddisfacente rispetto all'originale. Alla fine realizzarono un campione graffiando l'intonaco con rametti di legno e portarono a termine l'opera.

D'estate è piacevole fermarsi a gustare una birra all'ombra degli alberi del giardino; non siete strettamente tenuti a portare con voi dei cani, anche se la maggior parte degli ospiti fissi li ha.

Jakub Vakoč ha ottenuto dalla città la gestione della latteria per quarant'anni e l'ha fatta diventare un bel posto per un caffè. Anche se i rami degli alberi a volte impediscono la vista del castello, qui potrete comunque trascorrere piacevolmente il vostro tempo.

Indirizzo Mlíkárna, Riegrovy sady, 120 00 Praha 2; www.facebook.com/Mlikarna | **Come arrivare** Vinohradská tržnice (tram 11, 13) poi percorrere la via Budečská fino al parco di Riegrovy sady; oppure Florenc (metro B, C) e Na Smetance (bus 135) | **Orari** Lun-dom 11-23 | **Un suggerimento** Se non trovate un tavolo libero alla latteria, proseguite e fatevi una birra allo Zahrádky Park Café, una birreria meno intima ma decisamente più spaziosa.

49_Letná

Montmartre e la bohème a Praga

All'inizio del ventesimo secolo l'Accademia d'arte si trasferì nel nuovo edificio nel quartiere di Letná, presto seguita dalla comunità di pittori e architetti. Soffitte e cortili interni della zona divennero atelier, mentre ai piani terra aprirono caffè e osterie. Il quartiere bohémien tra i due parchi si guadagnò così il soprannome di Montmartre di Praga.

Anche se oggi non ci sono più atelier, è rimasta l'atmosfera da bohème e Letná si è trasformato in un quartiere di giovani cosiddetti alternativi. Gli abitanti delle case in stile liberty, neorinascimentale e funzionalista apprezzano questi vicini, che s'incontrano negli originali locali del quartiere, dove si svolgono dibattiti, seminari e mostre, mentre in giardino si beve birra: ve li raccomandiamo caldamente per un pomeriggio di relax.

Cominciate con un caffè a Nacafe, un posto davvero accogliente in cui troverete libri e giornali. Il café vintage Alchymista, in stile anni Venti, offre non solo la famosa torta che porta il suo nome, ma anche una delle più romantiche birrerie all'aperto di Praga. Per mangiare bene potete andare al Klub AVU presso l'Accademia d'arte, difficile da trovare anche per gli stessi studenti. Insegne con la laconica scritta Klub vi indirizzano verso un locale disadorno nel seminterrato. Il cuoco lavorava in precedenza nel ristorante stellato Alcron e infatti il cibo è stupendo.

Per finire vi consigliamo di bere una birra al Café Lajka. In questo locale dall'atmosfera familiare d'estate trovate le grandi finestre spalancate e al bancone, ricavato dalla credenza della nonna, gli studenti della vicina accademia e gli impiegati delle organizzazioni anticorruzione, in cui lavorano anche due dei proprietari del bar.

Se ancora non ne avete abbastanza delle atmosfere bohémien, vi aspettano il ristorante Fraktal a Vegtral, la birreria Těsně vedle Burundi o il bar Záletná sova. Un solo pomeriggio non basta, potete scommetterci.

Indirizzo Nacafe: Šmeralova 15, www.nacafe.cz; Alchymista: Jana Zajíce 7, www.alchymista.cz; Klub AVU, U Akademie 4, www.facebook.com/KlubAVU; Café Lajka: U Akademie 11, www.cafelajka.cz, 170 00 Praha 7 | **Come arrivare** Letenské náměstí (tram 1, 8, 12, 25, 26) | **Orari** Nacafe: lun-dom 12-22; Alchymista: lun-ven 7:30-21:30, sab-dom 10-21:30; Klub AVU: lun-ven 9-22:30; Café Lajka: lun-ven 10-22, sab-dom 12-22 | **Un suggerimento** Se avete un debole per le torte, vi piace mangiare e bere bene, in modo sano e in mezzo al verde, allora provate Vozovna-Stromovka. Il locale si trova all'interno di un vecchio deposito dei tram e offre anche uno spazio giochi per i bambini.

50_Libri prohibiti

La casa dei libri vietati

All'ingresso depositate le vostre cose, iscrivetevi sul registro e poi chiedete di portarvi dal magazzino l'opera a cui siete interessati. Una tipica biblioteca scientifica, insomma.

Ma già a una seconda occhiata sarà chiaro quanto questa istituzione sia fuori dal comune. È infatti l'unica biblioteca interamente privata nella Repubblica Ceca a essere aperta al pubblico. In questo edificio, che al terzo piano ospita un ritrovo per bibliofili, non troverete alcuna insegna, ma ciò non diminuisce in alcun modo l'importanza del suo patrimonio: Libri prohibiti dispone di oltre diecimila libri, giornali, registrazioni audio e video che hanno a che fare con il concetto un po' vago di samizdat, ossia auto-edizione.

Tra le pubblicazioni sgradite al regime non c'era soltanto materiale anticomunista, ma anche parti del *Signore degli Anelli* che furono copiate da privati, poiché la collocazione a est del regno di Mordor infastidì i censori dell'epoca.

È interessante anche come nacque la biblioteca. Quello che poi divenne il suo fondatore, Jiří Gruntorád, era tra coloro che infilavano pile di fogli imbottiti di carta carbone dentro la macchina da scrivere.

Prima della riunificazione pubblicò l'edizione in samizdat con il buffo titolo *Popelnice*, cioè bidone della spazzatura. Subito dopo la rivoluzione pensò a cosa fare del suo archivio e della collezione di scritti vietati. Per prima cosa offrì tutto alle istituzioni statali, invano. A pensarci bene, in questo modo la raccolta sarebbe diventata un patrimonio inaccessibile e paradossalmente con la ritrovata libertà si sarebbe realizzato ciò che avrebbe voluto il comunismo.

Grazie al sostegno di molti, tra i quali anche Václav Havel, fondò una biblioteca a cui tutti possono accedere. Se non ci andate per l'inaugurazione di una mostra di pittura o un concerto, siete pregati di rispettare il regolamento della biblioteca: obbligatorio essere stati proibiti in passato.

Indirizzo Senovážné náměstí 2, 110 00 Praha 1; www.libpro.cz | **Come arrivare** Můstek (metro A, B, uscita Václavské náměstí), poi Jindřišská, raggiungibile con qualsiasi tram | **Orari** Lun-dom 13-17 | **Un suggerimento** Al civico 14 di Jindřišská c'è un altro luogo strettamente legato alla parola scritta. In questo ufficio delle poste ceche potete spedire la vostra corrispondenza per ventidue ore al giorno, dalle due di notte fino a mezzanotte, e ammirare gli splendidi soffitti in stile neorinascimentale. Dopo l'ultimo restauro è accessibile anche il ballatoio del salone al primo piano, dove tra le altre cose potrete vedere alcune antiche cassette della posta.

51 Malvazinky

Tesoro, mi si sono ristrette le case!

Se vi sono piaciute le casette colorate del Vicolo d'Oro a Hradschin, allora abbiamo un'altra allettante proposta per voi. Lontano dai percorsi turistici c'è un borgo altrettanto piccolo e pittoresco, ma in cui la calma e l'accoglienza regnano sovrane: benvenuti a Malvazinky.

A differenza delle piccole abitazioni nell'area del Castello di Praga famose in tutto il mondo, qui le casette non sono attaccate alle mura e hanno minuscoli giardini sul retro o di fronte. E poi si tratta di un'area più vasta: cinque strade collegate in alcuni punti da piccoli vicoli traversi.

Due parti distinte formano questo lotto di case, una delimitata dalle vie Přímá, Konečná, Xaveriova e U Smíchovského mentre la seconda si trova a pochi passi di distanza, nelle vie Malá Xaveriova, Xaveriova e Pravoúhlá.

Questi piccoli edifici sono costruiti su piante di tre metri e mezzo per sette, con un soggiorno al pianterreno, due camere da letto in miniatura al piano superiore e basta. Molte case hanno uno scantinato sottostante. Il quartiere è mantenuto molto bene, caso più unico che raro a Praga. Può capitare di trovare qua e là una finestra in alluminio, ma la maggior parte delle case è stata restaurata in modo attento e la nuova vernice esterna in colori pastello si adatta bene all'insieme.

Dietro le minuscole finestre vedrete a volte una tazza o un vasetto di fiori e, appese alle porte, ghirlande di colore intonato che varia in base alle stagioni: la città delle bambole per eccellenza.

Si sa poco delle origini del quartiere, solo che fu costruito dall'amministrazione comunale negli anni Venti per la popolazione socialmente più debole. Oggi Malvazinky non è certo un quartiere di povera gente, ma neanche un'area "gentrificata" e alla moda. Nel 2015 una casetta di settantacinque metri quadrati è stata venduta per circa quattro milioni e mezzo di corone, circa centosessantacinquemila euro. Verrebbe voglia di acquistarne una!

Indirizzo Ingresso da U Smíchovského hřbitova, 150 00 Praha 5, poi vedi testo | **Come arrivare** Malvazinky (bus 134 dalla fermata Na Knížecí a Smíchovské nádraží) poi circa 200 metri lungo la U Smíchovského hřbitova | **Un suggerimento** Proprio a metà tra le due parti che formano il quartiere troverete una pasticceria molto invitante, Snídejte šampaňské. Come dice il nome, potrete gustare champagne a colazione, ma anche torte golose o panini appena farciti.

52_MeetFactory

Da centro carni a polo culturale

È quasi incredibile quanto, negli ultimi venticinque anni, l'artista David Černý abbia influenzato l'aspetto di Praga: di solito vengono in mente la statua del cavallo a testa in giù appesa nel Lucerna Passage o la scultura di Franz Kafka vicino a Národní třída. Eppure ci sono molte altre installazioni dell'artista lungo le vie della città, tanto che alcune agenzie di viaggio propongono visite guidate mirate all'arte di Černý.

Spesso il punto d'arrivo di queste visite è la MeetFactory, dove alcuni visitatori si aspettano di trovare un vero e proprio museo con le sue opere. La loro delusione non dura a lungo. L'edificio incastrato tra l'autostrada cittadina e un tratto di ferrovia venne fondato anni fa da Černý e si è affermato come centro multifunzionale. Ci sono tre gallerie, uno spazio espositivo esterno, un teatro e anche una grande sala polifunzionale utilizzata principalmente per i concerti. Sul soffitto è installato un originale isolamento acustico, fatto con sedie rivoltate provenienti dal vecchio cinema Lucerna. Vi consigliamo di dare un'occhiata anche al bar, fatto con gli scarti del cemento armato rimasti dopo la costruzione del tunnel Mrázovka.

Gli altri piani, dove in passato si fabbricavano vetri e motori a gasolio, ospitano un generoso programma di residenze d'artista, grazie al quale ogni anno si ritrovano qui oltre trenta artisti stranieri. Potrete ammirare le loro opere in mostre personali o direttamente nei loro atelier, aperti al pubblico più volte l'anno nell'ambito del progetto *Open Studios*.

Ma se siete interessati a vedere una creazione di David Černý, osservate le due automobili appese all'entrata, che ricordano la carne sui ganci del macello.

Come già il nome della struttura, anche questa è una spiritosa allusione alla sede scelta in origine, quella che un tempo era un'industria per la lavorazione delle carni a Holešovice, distrutta dalla catastrofica alluvione del 2002.

Indirizzo Ke Sklárně 3213/15, 150 00 Praha 5; www.meetfactory.cz | **Come arrivare** Smíchovské nádraží (metro B), poi Lihovar (tram 4, 5, 12, 20), allontanatevi dalla città seguendo i binari, superate il ponte e andate a destra in Ke Sklárně | **Orari** Tutti i giorni 13-20, può variare in base agli eventi serali | **Un suggerimento** Se non ne avete avuto abbastanza di carne, potete andare al ristorante serbo Jelica (Na Zlíchově 35). I vegetariani entrano a loro rischio e pericolo, perché qui troverete degli eccezionali *pljeskavica*, *ražnjići* e *ćevapčići* oltre a una vasta scelta di cibi crudi. Il pranzo è a prezzi contenuti e può essere ordinato nei giorni feriali fino alle quattro del pomeriggio.

53_La mensa del popolo

Benvenuti negli anni Ottanta

Negli anni Novanta, quando anche nella Repubblica Ceca arrivarono le catene di pizzerie e fast food, finì l'era delle tavole calde. Purtroppo in quel periodo chiuse anche il leggendario Automaton Koruna a piazza San Venceslao.

Molti praghesi se lo ricordano non solo per i frullati di fragole e i *bramborák*, le frittelle di patate grattugiate, ma anche per gli aneddoti che fiorivano intorno a questo locale, come quello che bastava girarsi un attimo e la salsiccia era sparita dal piatto.

È tutto finito. Oggi i vecchi tempi ce li ricordano solo le tavole calde dentro le macellerie, che si trovano in ogni quartiere della città. In piedi, insieme ai muratori in tuta da lavoro, potrete gustare zuppa di trippe, arrosto di lombo, polpettone o bollito di maiale. Se però volete sperimentare un'atmosfera un po' più raffinata e al tempo stesso autenticamente rétro andate alla mensa popolare Těšnov.

Non lasciatevi trarre in inganno dall'aggettivo "popolare": per riuscire a mangiare qui a pranzo nei giorni feriali la gente fa la fila sul marciapiede. I clienti non sono solo operai e pensionati, ci sono anche impiegati e dirigenti. Con cento corone si può avere un pasto di tre portate e la qualità è sorprendentemente buona. La scelta va dalle ricette tipiche boeme, come il gulasch con le frittelle di patate grattugiate, a pietanze più salutari e moderne, come il couscous o l'insalata.

L'arredamento invece è tutt'altro che moderno. Il locale è modesto, rivestito di piastrelle marroni e legno scuro, con tendine di pizzo alle finestre e un soffitto a travi di legno cui sono appese delle lampade. Sui tavoli con le tovaglie a quadri ci sono sale, pepe e salse per condire. L'immagine degli anni Ottanta è completata dai coltelli con l'impugnatura di plastica nera e dal bicchiere di aranciata a quattro corone. C'è un solo piccolo difetto in questo viaggio nel tempo: i monitor semi nuovi con il menu del giorno. E forse anche che nessuno vi ruba più la salsiccia dal piatto.

Indirizzo Lidová jídelna Těšnov, Těšnov 5, 110 00 Praha 1 | **Come arrivare** Florenc (metro B, C) oppure Bílá labuť (tram 3, 8, 14, 24) | **Orari** Lun-ven 10:30-14 | **Un suggerimento** Vale una visita anche U Rozvařilů, ristorante self-service che un tempo era famoso, situato al quinto piano del grande magazzino Bílá Labuť a Na Poříčí 23. Nell'enorme spazio semivuoto troverete le tovaglie bianche e rosse, prezzi un po' più alti e un'insegna che invita gli ospiti in "abiti da lavoro" ad accomodarsi cortesemente soltanto nella parte anteriore del locale.

54 Il mercato vietnamita Sapa

Profumo di coriandolo fresco

Mentre Londra, New York e Vancouver hanno la loro brava Chinatown, Praga ha la sua piccola Hanoi: il mercato di Sapa nella zona periferica di Libuš è il più grande e suggestivo tra tutti i mercati vietnamiti della Repubblica Ceca. Potete benissimo risparmiarvi le quindici ore di volo per la capitale della repubblica socialista: dal centro della città basta mezz'ora di macchina per tuffarsi nei profumi inebrianti del sud-est asiatico. Tutto è iniziato alla fine del 1999, quando una società vietnamita ha acquistato il terreno di un ex stabilimento di lavorazione delle carni e di un allevamento avicolo: 35 ettari di terreno su cui hanno trovato posto non soltanto bancarelle cariche di borse, jeans e magliette, ma anche un supermercato, una scuola, un tempio buddhista, uffici e redazioni di riviste. Oggi qui vivono e lavorano circa 7.000 vietnamiti.

Varcata la grande porta d'ingresso in puro stile asiatico, vi sembrerà di trovarvi in un enorme parcheggio. Tra i capannoni dal tetto di lamiera ondulata si snoda una lunga fila di furgoni e automobili private. Dimenticate la segnaletica: a Sapa vige la legge del più forte. Ci sono anche molte biciclette, usate soprattutto dai venditori che vanno a procurarsi il pranzo e lo portano al loro stand. Ecco il pezzo forte del mercato: il cibo! Qui troverete lime dei Caraibi, basilico thailandese, innumerevoli tipi di noodles, pesce freschissimo, uova d'oca e frutti del drago, ma soprattutto potrete gustare autentici piatti asiatici. I piccoli bistrot a conduzione familiare offrono solo una o due pietanze, ma cucinate alla perfezione. Famosi, ad esempio, la pancetta grigliata in salsa agrodolce di Hai Ha, gli involtini primavera di Phuong Phuong o l'anatra alla griglia di Dung Lien. Non siate troppo esigenti sulla pulizia dei tavolini, guardate da un'altra parte. O meglio ancora, chiudete gli occhi e respirate l'aroma penetrante del brodo di carne e del coriandolo fresco. Siete ad Hanoi, no?

Indirizzo TTTM Sapa, Libušská 319/126, 142 00 Praha 4, www.informace-sapa.cz, www.sapa-praha.cz | **Come arrivare** Kačerov (metro C) poi Smíchovské nádraží (autobus 113 o metro B) e proseguite con l'autobus 197 fino alla fermata Sídliště Písnice | **Orari** 8-18; ristoranti e casinò chiudono alle 22 | **Un suggerimento** Poiché a Sapa c'è una quantità davvero incredibile di esercizi commerciali, meglio orientarsi prima consultando il sito www.sapamapa.cz

55 La metro di Anděl

Il comunismo sotterraneo

A Praga le stazioni della metropolitana si riconoscono principalmente dal colore delle pareti. Alla stazione di Anděl vale la pena osservarle con più attenzione: su ciascuna di esse, tra i pannelli di marmo che le rivestono, fanno bella mostra di sé quattro rilievi in bronzo con mazzi di fiori, spighe di grano, cosmonauti e bandiere che sventolano. Benvenuti nel mondo della "amicizia ceco-sovietica".

Fino al 1990 questa stazione si chiamava Moskevská, classico esempio di fratellanza comunista. Venne costruita da architetti e artisti sovietici, mentre i loro colleghi cechi eseguivano a Mosca la stazione Pražskaja. Le due stazioni furono inaugurate quasi contemporaneamente nel 1985. Gli artisti dovevano realizzarle secondo lo stile del proprio paese, per questo a Praga raffigurarono temi tradizionali sovietici, come il *Successo nell'agricoltura, l'aviazione e la pace mondiale*. Se uscite in direzione di Knížecí, passerete davanti a una scultura in bronzo con l'iscrizione "Moskva – Praha". La somiglianza con le stazioni della metropolitana russa è davvero sorprendente, tanto che nel 2015 qui sono state girate alcune scene di *Child 44*, film ambientato nella vecchia Unione Sovietica.

Negli anni Novanta in questa stazione si aveva ancora la sensazione di essere in Unione Sovietica: nell'atrio era esposto un mosaico del panorama di Mosca, mentre tutt'intorno si estendeva un quartiere tetro, pieno di edifici abbandonati e vecchie fabbriche.

Oggi sarete accolti dalla pulsante vita cittadina: moderni palazzi di uffici e centri commerciali. Nel 2000 l'atrio della metro è stato incorporato nel complesso edilizio Angelo Dorato dell'architetto francese Jean Nouvel.

Dopo la Rivoluzione di velluto (17 novembre-29 dicembre 1989) anche i rilievi sopra i binari sembravano andati perduti. Scomparvero per mesi, poi improvvisamente riapparvero al solito posto. I responsabili dell'azienda di trasporto spiegarono che già troppa storia era stata distrutta dal comunismo.

Indirizzo Stazione della metro Anděl, 150 00 Praha 5 | **Come arrivare** Metro B | **Orari** Tutti i giorni dalle 5 alle 24 | **Un suggerimento** Osservate con attenzione la facciata in vetro del complesso Angelo Dorato. Ci troverete non solo citazioni in ceco dalle opere di Franz Kafka, Rainer Maria Rilke, Gustav Meyrink e altri autori che hanno scritto di Praga, ma anche l'immagine di un angelo – più o meno netta a seconda della luce – ispirata al film di Wim Wenders *Il cielo sopra Berlino*.

56 La miniera in mostra

Passeggiando sottoterra

Nel mondo ci sono molti musei sulle miniere, ma è raro riuscire a passeggiare nelle loro complesse gallerie rimanendo in città: a Praga è possibile, a Letná.

Come il Deutsches Museum di Monaco, anche il Museo nazionale della tecnica può andar fiero della sua ricostruzione di una miniera. L'industria mineraria era importante per i territori boemi già nel Medioevo. Basti dire che il termine dollaro è derivato dal tedesco *Joachimsthaler* (tallero della valle di San Gioacchino), abbreviato poi in tallero,in ceco *tolar*, la moneta coniata in Boemia all'inizio del XVI secolo.

La miniera si estende su due piani ed era stata progettata già al momento della costruzione del museo. Durante l'occupazione tedesca i lavori furono interrotti, e solo negli anni Cinquanta il regime comunista completò il progetto. Il mito dei minatori, che per il regime erano il simbolo stesso del proletariato, è alla base dell'allestimento di questa miniera. Il sito doveva inoltre servire ad attirare i futuri minatori, per questo furono esposti anche dei macchinari moderni ricevuti nel dopoguerra dall'America e dall'Inghilterra, anche se in pratica rimasti inutilizzati.

Qualche anno fa la mostra è stata profondamente modificata. Oggi non si entra più nella gabbia chiusa che scende nel pozzo della miniera e anche i macchinari sono fermi. Eppure l'esperienza è ancora molto suggestiva. Il realismo della mostra è arricchito dalle proiezioni di video su grandi schermi, dai rumori di fondo autentici e da trentotto manichini di minatori, distribuiti in tutta l'area. Le esperte guide del museo non hanno mai lavorato in miniera, ma risponderanno puntualmente a ogni vostra domanda e vi accompagneranno per i circa quattrocento metri che costituiscono il percorso – tra rocce metallifere e carbone fossile – anche oltre i quaranta minuti previsti. Alla fine vi augurerete di tornare a vedere la luce, ma di sicuro sottoterra non vi sarete annoiati.

Indirizzo Národní technické muzeum, Kostelní 42, 170 78 Praha 7, www.ntm.cz | **Come arrivare** Letenské náměstí (tram 1, 8, 12, 25, 26) poi proseguite lungo Nad Štolou, Letohradská e Muzejní in direzione di Letenské sady | **Orari** Mar-ven 9:30-17:30; sab, dom, festivi 10-18, visite guidate ogni trenta minuti | **Un suggerimento** Di fronte al museo, nel parco Letenské sady, c'è un piccolo edificio rotondo, che nasconde la più antica giostra rimasta in Europa. Per salvarla e restaurarla è stata organizzata una raccolta fondi pubblica. Con un po' di fortuna riuscirete anche a vederla: a breve questo pezzo unico sarà nuovamente accessibile al pubblico.

57 Il monumento a Jan Palach

Fiamme d'acciaio

Nel gennaio 1969, Jan Palach si diede fuoco dopo essersi cosparso di benzina in segno di protesta contro l'occupazione della Cecoslovacchia, la progressiva "normalizzazione" del paese e l'apatia dei suoi connazionali. Dopo la sua morte atroce la piazza di fronte alla facoltà di Filosofia fu ribattezzata dagli studenti náměstí Jana Palacha. Il regime, che voleva invece cancellare ogni memoria di quell'azione, si affrettò a rinominarla piazza dell'Armata Rossa. Solo in seguito alla Rivoluzione di velluto, vent'anni più tardi, lo spazio tra il Rudolfinum, la facoltà di Filosofia e l'Accademia d'arte ha potuto riprendere il nome di piazza Jan Palach.

Sono passati altri venticinque anni prima che sulla piazza fosse eretto un monumento a Palach, opera dell'artista John Quentin Hejduk ispirata ai versi del poeta statunitense David Shapiro, che descrive l'emozione del funerale di Palach e l'immensa sofferenza della madre. Le gigantesche sculture intitolate *Casa del figlio* e *Casa della madre* sono state esposte per la prima volta nel Castello di Praga nel 1991. Hejduk è stato poi invitato a Praga dal presidente Václav Havel e ha donato alla città i due blocchi, sotto forma di modelli in legno. Il comune si è impegnato a realizzare le sculture in metallo per esporle in pubblico, ma l'impresa è durata un'eternità: la cerimonia di inaugurazione ha avuto luogo solo nel gennaio 2016, sedici anni dopo la morte di Hejduk.

Le due sculture sono oggi collocate in un angolo della piazza insieme alla lapide commemorativa con la poesia di Shapiro. La *Casa della madre* – in acciaio da costruzione resistente alle intemperie – è più scura, come arrugginita, e le sue fiamme evocano una pacata disperazione.

Al contrario, dalla *Casa del figlio* – più chiara, in acciaio inossidabile – le lingue di fuoco si innalzano ardite verso il Castello, il centro del potere che Jan Palach sfidò coraggiosamente nel 1969, immolandosi per la libertà.

Indirizzo Alšovo nábřeží, angolo con náměstí Jana Palacha, 110 00 Praha 1 | Come arrivare Staroměstská (metro A) | Un suggerimento Nell'edificio della facoltà di Filosofia c'è una copia della maschera funebre in metallo di Jan Palach realizzata da Olbram Zoubek all'Istituto di medicina legale dove era stato trasferito il corpo dello studente. Lo scultore arrivò lì con un vecchio compagno di classe che era diventato un medico specializzato in ustioni e il portiere li lasciò passare anche se era vietato.

58 Un monumento al silenzio

Il binario della morte

Quella di Bubny sembra una piccola stazione ferroviaria d'altri tempi, dismessa in seguito alla costruzione della metro e di nuove strade. Ma la sua tragica storia potrebbe impedirne la demolizione: tra il 1941 e il 1945 da qui partirono i treni diretti al ghetto e al campo di concentramento di Terezín. Dei 50.000 ebrei passati da queste banchine, il 90 per cento non è mai tornato indietro.

Poiché non c'era neppure una stele commemorativa, per molti anni solo gli storici e i discendenti dei deportati hanno saputo che proprio in questo luogo gli ebrei di Praga si sono salutati per l'ultima volta. Solo negli anni Ottanta è sorto il Monumento al silenzio, un centro museale e di formazione sulla Shoà, per non dimenticare la città che rimase in silenzio anche quando in pieno giorno era attraversata da file di uomini scortati dalle guardie.

Anche l'artista Aleš Veselý accompagnò suo padre e sua sorella quando vennero trasportati al campo. Il suo enorme plastico costituisce la prima parte del monumento che è stato inaugurato nel 2015: un binario lungo venti metri posto di fronte alla stazione, puntato al cielo come la scala di Giacobbe.

La *Porta del non ritorno*, questo il titolo dell'opera, è posta lungo il percorso che portava gli ebrei ai carri bestiame. In occasione di mostre temporanee, sulle pareti delle sale oscurate della stazione vengono proiettate le immagini dei deportati, i cui destini sono intrecciati al monumento che ne costituisce il simbolo permanente.

L'area intorno alla stazione ferroviaria è rimasta inutilizzata, accrescendo così l'atmosfera spettrale del luogo. Ma in un prossimo futuro intorno a questo monumento sorgeranno case e uffici, e forse oltre a ricordare i morti dell'Olocausto, ci sarà anche modo di rompere il silenzio e avviare una discussione seria.

Da ricordare che dopo la guerra questa stazione è stata anche teatro dell'espulsione selvaggia dei tedeschi dai territori della Cecoslovacchia.

Indirizzo Bubenská 1, 170 00 Praha 7; www.bubny.org | Come arrivare Vltavská (metro C), poi prendere per Bubenská; Veletržní palác (tram 6, 17), poi prendere per Veletržní | Orari La *Porta del non ritorno* è sempre visitabile, mentre gli spazi interni sono accessibili solo durante le mostre | Un suggerimento Dove oggi c'è il Parkhotel, in Veletržní 1502/20, c'erano alcuni padiglioni in legno in cui si vendevano articoli di elettronica. Qui gli ebrei trascorrevano gli ultimi giorni prima della deportazione: la registrazione era lunga e complicata e i controlli dei loro beni umiliante. Alla fine si incamminavano verso la stazione: un muro di cemento davanti all'hotel ospita una lapide per ricordarli.

59 Il muro di Hrabal

Notti folli e strade sporche

All'angolo tra Ludmilina e Na Hrázi si trova una colonnina che reca orgogliosa la scritta: "Prima pietra – Centro Bohumil Hrabal". Il fatto che questo annuncio sia rimasto qui, solo e abbandonato, dal 2004 farebbe certamente ridere di gusto lo scrittore, che lascerebbe al fantasmagorico zio Pepin il compito di raccontare questa storia. Per oltre vent'anni Hrabal ha vissuto a Libeň, una zona periferica piuttosto malandata che però a lui piaceva molto. Anche se il quartiere va fiero del suo celebre figlio, i siti che attualmente ne ricordano il genio non sono granché presentabili.

Dal 1950 al 1973 Hrabal visse in una stanzetta al numero 326/24 di Na Hrázi, dove organizzava le sue folli "nozze in casa": leggendo i nomi di future coppie sconosciute sulle pubblicazioni matrimoniali, festeggiava i fortunati gozzovigliando insieme ai suoi amici per tutta la notte. Nel 1988, la casa dovette finalmente cedere il posto alla metropolitana e alla stazione degli autobus. Se non altro, l'enorme terminal di calcestruzzo è stato ribattezzato piazza Bohumil Hrabal nel 1999, due anni dopo la morte dello scrittore.

La prima pietra del Centro Hrabal si trova su un terreno venduto dalle imprese di trasporto a una società privata, che ha annunciato la costruzione di un edificio polivalente. Ancora non è accaduto nulla e a questo punto non è sicuro che il centro sarà veramente costruito.

Dal 1999 l'autore ceco più tradotto del Novecento è più degnamente celebrato dall'opera che decora il muro della metropolitana lungo la via Na Hrázi: qui un Hrabal di dimensioni più grandi del reale è raffigurato con la sua macchina da scrivere, un bicchiere di birra, i suoi gatti e varie citazioni dai suoi romanzi. È triste che questa immagine si trovi nei pressi di un parcheggio, peraltro piuttosto scomodo. Ma chi lo sa? Non è escluso che Hrabal, con la sua predilezione per le cose logore e malandate, lo avrebbe apprezzato ugualmente.

Indirizzo Na Hrázi, 180 00 Praha 8 | Come arrivare Palmovka (Metro B) | Un suggerimento Il castello di Libeň, accuratamente ristrutturato, è un affascinante ricordo del tempo che fu; vale la pena visitarlo, come il parco Thomayerovy sady, non lontano da lì.

60 Museo della polizia

Lo spaventoso gabinetto di Tim Burton

Avete sempre sognato di entrare a far parte della polizia criminale? Avreste voluto almeno una volta prendere impronte digitali o raccogliere prove sul luogo del crimine, all'interno di una moderna mostra interattiva? Allora il Museo della polizia della Repubblica Ceca non fa per voi.

Comunque vale senz'altro la pena visitarlo, e qualche elemento interattivo lo troverete, come il software della polizia per creare gli identikit. Ma prima di tutto le collezioni, collocate nel chiostro di un antico monastero agostiniano, vi sedurranno con un fascino fuori dal comune. Se non avete voglia di leggere le lunghissime descrizioni degli oggetti esposti – circa mille – basterà la stranezza dell'ambiente a sbalordirvi. L'esposizione permanente è stata rimaneggiata più volte a partire dal 1989, ma resta impossibile scacciare lo spirito dei suoi fondatori comunisti.

C'è per esempio una uniforme delle unità speciali di polizia, quelle che hanno picchiato brutalmente gli studenti nel novembre 1989, esposta senza alcuna descrizione o commento. Se avete la passione per i film dell'orrore, vi piaceranno sicuramente le scene tratte dalla storia della criminologia e riprodotte con manichini a grandezza naturale, che con il loro gusto macabro non hanno nulla da invidiare a quelle di Tim Burton. Una menzione speciale va a quella allestita apposta per tenere lontani i giovani dal consumo di droghe. Viene spontaneo pensare se non siano stati gli stessi autori ad aver fumato qualcosa mentre ne preparavano l'allestimento. In chiusura della mostra passerete davanti a una barriera spartitraffico isolata, con i dovuti rumori di fondo, per arrivare ai resti dell'antica costruzione gotica.

Non importa che nel museo non ci siano cartelli con descrizioni in lingue diverse dal ceco – riceverete solo un paio di vecchi foglietti di informazioni insieme al biglietto d'ingresso. Sarà più che sufficiente entrare e guardarsi intorno.

Indirizzo Muzeum policie ČR, Ke Karlovu 1, 120 00 Praha 2; www.muzeumpolicie.cz | **Come arrivare** I.P. Pavlova (metro C), proseguire fino a Dětská nemocnice Karlov (bus 148), poi girare a sinistra verso Ke Karlovu | **Orari** Mar-dom 10-17 | **Un suggerimento** Lungo la via Horská c'è una ricostruzione ben fatta dal punto di vista architettonico: si tratta della cinta muraria cittadina in stile barocco, da cui si ha una splendida vista su Praga.

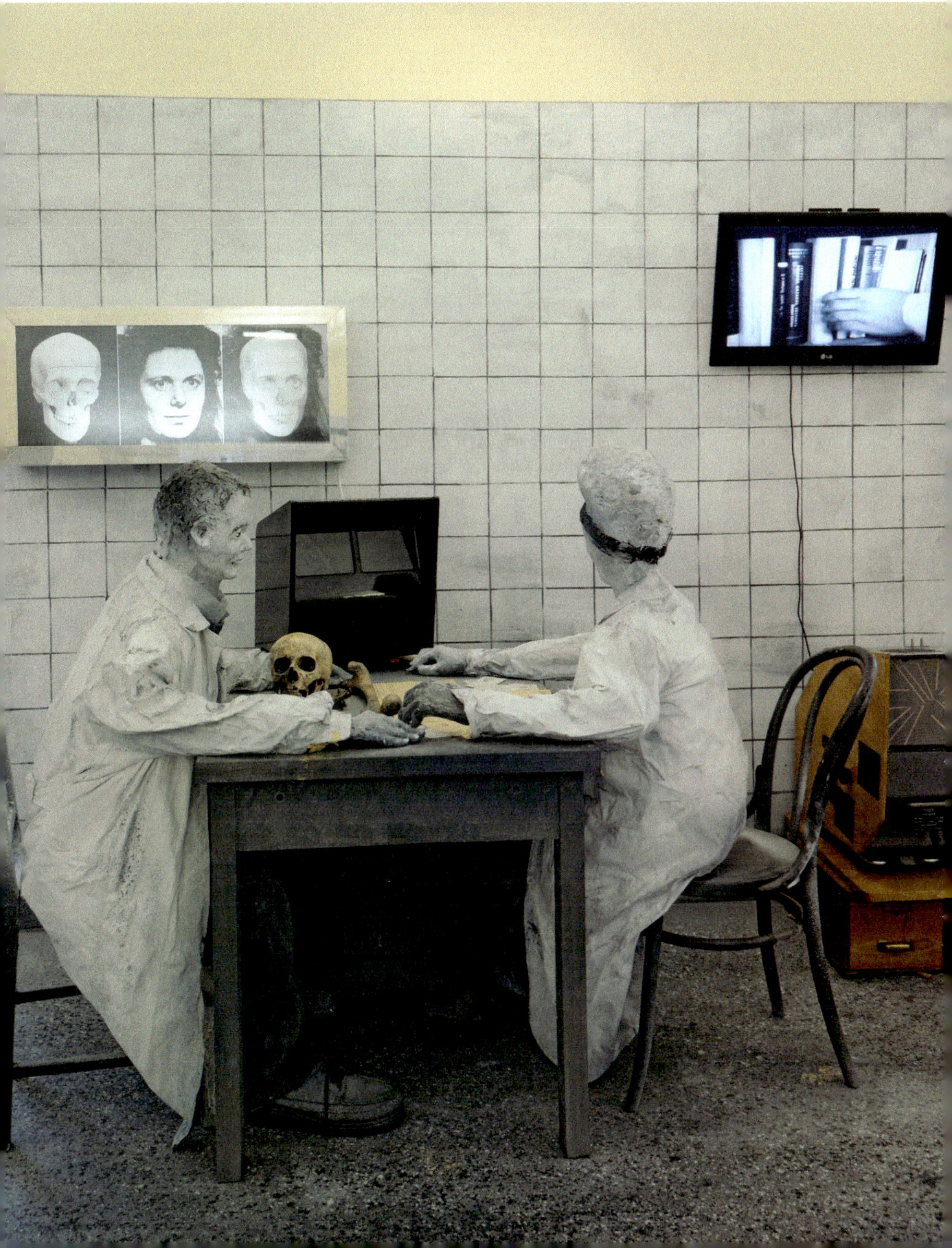

61 Museo Karel Zeman

Pronti a entrare in una fiaba?

Non lontano dal ponte Carlo, c'è un luogo straordinario: il Museo Karel Zeman, grande regista ceco che annovera tra i suoi fan nientemeno che Steven Spielberg. Varcata la porta d'ingresso vi troverete catapultati in una magica atmosfera fiabesca, la stessa che Zeman ha saputo creare nei suoi numerosi film. Anche se i suoi trucchi hanno ormai cinquant'anni, non hanno perso un'oncia del loro fascino.

Il museo somiglia a uno studio cinematografico. Le sale piene di schermi, fotografie e scenografie tratte dalle opere di Zeman offrono ai visitatori l'opportunità di conoscere le tecniche usate dal regista tra il 1950 e il 1980. Il *Viaggio nella preistoria* racconta l'avventura di quattro ragazzi in barca che vanno alla scoperta di mammut, dinosauri e trilobiti.

Qui è possibile non solo imparare qualcosa sui tempi preistorici, ma approfondire in modo ludico la tecnica utilizzata da Zeman per girare le scene coi mammut. Provare per credere: i diversi strati di fogli disposti l'uno sull'altro si trasformano improvvisamente in un'immagine 3D, basta guardarli attraverso l'obiettivo di una fotocamera o di un telefono cellulare.

Ma non è finita qui. Gli spazi in cui è stato girato *La diabolica invenzione* sono stati ricreati per permettere al pubblico di vivere un'esperienza interattiva. Siate pur certi che i vostri figli non vi faranno scendere facilmente dalla macchina volante!

Grazie a uno schermo mobile collocato dietro la macchina, guardando il video vedrete voi stessi librarvi nell'aria. Oppure, durante le avventure del *Barone di Münchhausen* potrete lasciarvi trasportare visivamente sulla luna.

Il museo è stato fondato nel 2012 da due fan di Zeman; all'allestimento ha contribuito la figlia del maestro che ha messo a disposizione le sceneggiature con i dettagli delle ambientazioni e altri oggetti provenienti dall'archivio paterno. Tutti questi reperti rivelano la passione di Zeman per l'immagine in movimento.

Indirizzo Saská 3, 118 00 Praha 1; www.muzeumkarlazemana.cz | Come arrivare Malostranské náměstí (tram 12, 15, 20, 22), poi a piedi sulla Mostecká | Orari Tutti i giorni 10-19, ultimo ingresso alle 18 | Un suggerimento Cinefili, attenzione! Al n. 1 della Hroznová, sul romantico canale Čertovka c'è un edificio tardo barocco in cui ha vissuto Jiří Trnka, celebre regista di film di animazione.

62_Na kopci

Una storia di coraggio

Entusiasmo, duro lavoro e soprattutto coraggio: queste le qualità indispensabili per chiunque voglia aprire un ristorante di classe lontano dal centro cittadino, in un quartiere in cui per di più passa un solo autobus.

Na kopci è davvero fuori mano. Il ristorante è stato fondato nel 2006 dal cuoco Titus Eliáš e dal cameriere Jan Turek, che prima hanno fatto esperienza nella cucina del famoso cuoco televisivo Zdeněk Pohlreich. Ne è venuta fuori un'eccellente combinazione tra cibi e vini di grande qualità, con un servizio gradevole e allestimenti interni che vi faranno subito dimenticare di essere all'interno di un edificio così brutto.

Il locale si trova infatti al pianterreno di uno di quei prefabbricati in cemento armato simili a silos squadrati prediletti dagli urbanisti del periodo socialista. Dovevano servire per le "infrastrutture comunali", il che poteva significare qualsiasi cosa. In questo locale in passato c'erano una macelleria e un piccolo negozio di alimentari. Poiché l'edificio è di fatto un bunker di cemento, non c'era speranza di abbellirlo, quindi Eliáš e Turek pensarono di renderlo più intimo e accogliente ricoprendo le pareti con le fotografie degli album di famiglia.

Detto ciò, dimenticherete ogni decorazione appena vi serviranno la prima portata. In particolare vi suggeriamo di provare la selezione di antipasti dello chef, il resto lo lasciamo scegliere a voi. Il menu varia tre o quattro volte l'anno, però c'è sempre la famosa bistecca alla tartara. I prezzi sono un po' aumentati da quando il ristorante è stato aperto, ma il rapporto qualità-prezzo rimane eccezionale per una città come Praga. Anche se non è facile arrivare su queste colline, la strada non la conoscono solo i buongustai della città, ma anche gli ispettori della *Guida Michelin*, che nel 2015 hanno assegnato a questo ristorante il premio Bib Gourmand. Allora, poi diteci se non valeva la pena avere un po' di coraggio.

Indirizzo K Závěrce 2774/20, 150 00 Praha 5; www.nakopci.com | **Come arrivare** Anděl (metro B), poi alla fermata Na Knížecí con il bus 231 si raggiunge Kesnerka | **Orari** Lun-ven 11:30-14:30 e 17:30-23; sab-dom 11:30-23 | **Un suggerimento** Per digerire vi consigliamo due passeggiate: non lontano dal ristorante, a U Starého židovského hřbitova è possibile dare un'occhiata oltre il muro di cinta del vecchio cimitero ebraico costruito nel 1788. La passeggiata più lunga invece vi porterà nella direzione opposta: attraversate U Dívčích hradů e proseguite lungo il sentiero segnato fino a raggiungere il monumento naturale di Ctirad, da cui ammirerete uno straordinario panorama di Praga.

63 Náplavka

Lo movida sulla Moldava

Cosa augurarsi di meglio in una calda serata estiva se non di rinfrescarsi con una birra vicino al fiume? Al centro di Praga per molti anni questo non è stato possibile. Mentre in altre città il lungofiume è spesso affollato di persone che fanno festa, si rilassano e si divertono, fino a non molto tempo fa le rive della Moldava erano per la maggior parte inaccessibili o in pessimo stato. Ma ora le cose sono cambiate.

A Náplavka, la riva lastricata lungo l'argine di Rašín, in passato c'erano navi ancorate, zatterieri e mercanti di sabbia che scaricavano le loro merci, ma dopo la scomparsa di questi mestieri non era rimasto nulla, solo auto parcheggiate e gente che andava a spasso con il cane. Nel 2007, per iniziativa di un gruppo di cittadini, venne allestita una mostra che diede il via al cambiamento. L'anno dopo si tennero i primi concerti e una stagione più tardi venne aperta la prima birreria. Adesso nelle tiepide serate estive qui c'è di tutto ed è impossibile addormentarsi. Centinaia di persone gironzolano lungo la Moldava, visitano mostre, ascoltano musica dal vivo o ballano davanti alle consolle dei dj.

Questa banchina è parte integrante del consolidamento del fiume, e viene sommersa in caso di piena. Per questo motivo non sono stati allestiti ristoranti fissi: chioschi e bar si trovano all'interno delle mura dell'argine dove un tempo erano i magazzini. Tra i più noti, il bar Bajkazyl che offre pure un servizio di riparazione e noleggio bici. Ma anche sull'acqua troverete da divertirvi: potrete cenare sulla nave *Kristian Marco*, andare a teatro al Tajemství bratří Formanů e assistere a mostre, concerti o letture sulla (A)void Floating Gallery.

Non vi piacciono le feste? Náplavka vi piacerà comunque: qui dal 2010 ogni sabato mattina si tiene un mercato contadino, con un animato andirivieni di venditori di carne, frutta e verdura. Se cercate un luogo di cui i praghesi si siano davvero riappropriati, siete nel posto giusto.

Indirizzo Rašínovo nábřeží, 120 00 Praha 2; www.farmarsketrziste.cz/naplavka, www.prazskenaplavky.cz/naplavky/rasinovonabrezi | **Come arrivare** Karlovo náměstí (metro B) uscita in direzione Palackého náměstí, arrivati al ponte Palacý scendere le scale | **Orari** Quasi tutti i bar sono aperti ogni giorno da aprile a ottobre, alcune navi sono aperte tutto l'anno; mercato contadino: sabato 8-14 | **Un suggerimento** C'è un'altra scalinata in cima a Na Výtoni che porta a Náplavka, dove potrete osservare uno strano edificio squadrato con un orologio e una banderuola segnavento. Questo cosiddetto limnigrafo misura l'altezza della Moldava.

64__Nostra Signora in esilio

Pace divina e panorama incantato

Il percorso che conduce alla collina Petřín ha preso il nome da Raoul Wallenberg, un diplomatico svedese che durante la Seconda guerra mondiale salvò migliaia di ebrei. Se ci arrivate dalla via Úvoz, avrete una vista pittoresca della città. Meglio ancora se prendete il sentiero, poco visibile e a volte fangoso, che si arrampica lungo le mura del monastero di Strahov. Seguendo le indicazioni si raggiunge la statua della Vergine Maria dell'Esilio. Da qui potrete ammirare un panorama completo di Malá Strana ("piccolo quartiere") con le torri del Castello e la chiesa di San Nicola.

Solo a pochi turisti viene in mente di arrampicarsi fino alla base della statua, dove un piccolo spiazzo lastricato offrirà una vista incomparabile. E se vorrete sedervi su una panchina, godrete anche di una pace divina. Ma in realtà la storia di questa statua è piuttosto sofferta.

La scultura è ispirata alla statua dell'Immacolata Vergine Maria, eseguita nel Seicento da Jan Jiří Bendl per esprimere la gratitudine della cittadinanza di Praga, vittoriosa nella guerra contro gli svedesi. La statua fu collocata nella piazza della città vecchia, ma nel 1918 poco dopo l'indipendenza della Cecoslovacchia venne abbattuta e distrutta dai dimostranti, che la consideravano un simbolo del predominio della monarchia asburgica. Successivamente alcuni emigranti cechi decisero di realizzarne una copia e raccolsero il denaro negli Stati Uniti. A Roma lo scultore Alessandro Monteleone eseguì la statua della Vergine dell'Esilio, che nel 1955 fu trasferita nel monastero di Lisle a Chicago, dove gli esiliati andavano in pellegrinaggio a pregare per la caduta del comunismo.

Solo negli anni Novanta la statua arrivò a Praga. La Madonna guarda verso il cielo con le mani giunte e prega per noi mortali, come suggerisce l'iscrizione sul piedistallo. Almeno un miracolo accertato lo ha già compiuto: le preghiere per la fine del comunismo sono state ascoltate.

Indirizzo Strahovské nádvoří, 118 00 Praha 1 | **Come arrivare** Pohořelec (tram 22) poi a piedi lungo la via Úvoz, e successivamente a destra sulla collina Petřín, come indicato sopra | **Un suggerimento** Al ritorno, scendendo lungo la via Úvoz, passerete davanti a una ripida scalinata, che porta al santuario Loretánská. La gente del posto la chiama "scacciapensieri" per il suono che produce se si battono forte i piedi a terra, specialmente stando nella parte bassa della scalinata.

65_One Room Hotel

Un tubo di lusso in mezzo alle nuvole

Se volete dormire nella stanza migliore di Praga non c'è niente di meglio che l'albergo più piccolo (e più in alto) della città: il One Room Hotel. È situato a un'altezza di settanta metri nella torre televisiva di Žižkov, che è riuscita a entrare nella lista degli edifici più brutti del mondo, nonostante sia "abbellita" dai giganteschi bambini di David Černý.

Questo lussuoso albergo, sebbene venga pubblicizzato come miniappartamento, è piuttosto quella che si chiama una Junior Suite: ci sono infatti tre stanze, ma due hanno soltanto un piccolo lucernario e nessuna fonte di luce naturale. Per questo una delle due ospita un enorme armadio guardaroba e l'altra, indicata come sala riunioni, viene di rado utilizzata per questo scopo ed è diventata una cabina per i massaggi.

La stanza è allo stesso tempo soggiorno e camera da letto, mentre la sala da bagno è separata dal resto da una parete in vetro a scomparsa. Insieme formano un grosso tubo allungato e molto esclusivo, non solo per gli allestimenti di lusso quanto soprattutto per la vista: quasi tutta la parete esterna è una grande vetrata da cui si gode un panorama unico che abbraccia i tetti tutto intorno.

C'è chi rimane un po' deluso, specialmente gli ospiti americani, scoprendo che la vasta area verde sulla destra non è il Central Park di Praga ma il più grande cimitero cittadino di Olšany. Se volete ammirare dall'alto il centro storico della città, basterà scendere qualche gradino fino al ristorante Oblaca, dove vi attende un panorama a 360 gradi.

Se prenotate il pacchetto all inclusive, a cena potrete stupire la vostra dolce metà con uno striscione, che sarà srotolato davanti la vostra finestra da uno scalatore pagato apposta per questo. Compresi nel pacchetto ci sono messaggi standard come "Ti amo", ma dovrete aggiungere qualche soldo in più se volete dirle "Perdonami tesoro, non avevo la minima idea che soffrissi di vertigini!"

Indirizzo Mahlerovy sady 1, 130 00 Praha 3; www.towerpark.cz/hotel+4 | **Come arrivare** Jiřího z Poděbrad (metro A), uscita terminale nord lungo la Milešovská fino alla torre | **Orari** La reception dell'albergo è a disposizione dalle 8 all'1 | **Un suggerimento** Dove oggi c'è il parco Mahlerovy sady c'era un cimitero ebraico risalente al 1680. Gran parte fu trasformato in parco nel 1960, ma la parte più antica vicino a Fibichova si è conservata. Da qui si ha una vista spettacolare della torre televisiva.

66_Palazzo Langhans

Dal negativo al positivo

Normalmente in fotografia da un negativo si ottiene un'immagine positiva. Qui invece è accaduto il contrario. Perché?

Nel 1880 Jan Langhans aprì un atelier fotografico specializzato in ritratti che divenne in breve la più grande impresa del settore in Boemia. La sua peculiarità consisteva nel fatto che Langhans non si limitava a fotografare, ma archiviava accuratamente tutti i negativi. Così, a distanza di anni, i suoi clienti avrebbero potuto rivedere non solo se stessi ma anche i propri predecessori. Per i ritratti dei personaggi famosi, come il re d'Inghilterra o lo scià di Persia, Langhans creò un catalogo a parte, la *Galleria delle celebrità*. Nel 1948, tuttavia, lo studio fu nazionalizzato e l'archivio dei negativi su lastre di vetro venne gettato in un deposito di rifiuti vicino a Praga. Fu l'inizio di un periodo decisamente negativo.

Finalmente, nel 1989 la casa venne restituita agli eredi di Langhans che la ristrutturarono preservando gli elementi architettonici dell'epoca e aggiungendo una struttura abitativa con grandi vetrate e imposte in rame originali.

Il palazzo ha una profondità inusuale: il lungo passaggio che si apre accanto al negozio Škoda – la Mecca dei fotografi di Praga – conduce in un tranquillo cortile in cui troverete una galleria e un caffè gestiti dalla ONG People in Need e sconosciuti alla maggior parte dei passanti. Nel passaggio c'è anche la fotografia di un vecchio mobile, rimasto abbandonato per decenni accanto al locale caldaia. Durante la ristrutturazione dell'edificio gli operai lo aprirono facendo così una scoperta sensazionale, di grande importanza per la fotografia moderna ceca.

L'armadio conteneva parte della *Galleria delle celebrità*: più di 9.000 negativi su vetro miracolosamente sopravvissuti alla distruzione degli anni Cinquanta. Il loro restauro è curato da una fondazione creata appositamente che si occupa anche di renderli accessibili al pubblico.

Indirizzo Vodičkova 37, 110 00 Praha 1; www.langhans.cz | Come arrivare Můstek (metro A, B), uscita Václavské náměstí; Václavské náměstí (tram 3, 5, 6, 9, 14, 24) | Orari Lun-sab 10-20 | Un suggerimento Molto invitante è anche il vicino caffè Styl & Interier.

67 Palazzo Lucerna

La prima galleria di Praga

La maggior parte dei turisti arriva qui attratta dalla parodia antinazionalista di David Černý: la statua del cavallo a testa in giù, con san Venceslao seduto sulla sua pancia. Anche se l'artista ha dovuto accorciare la lunga lingua del destriero in seguito a ripetuti attacchi vandalici, questa bizzarra statua equestre ha sempre un grande impatto. Ma l'opera di Černý non è certo l'unica attrattiva di questo luogo.

Il Palazzo Lucerna fu costruito tra il 1907 e il 1920 dall'imprenditore Václav Havel, nonno del futuro presidente della Repubblica. Il nome Lucerna (lanterna) gli fu dato probabilmente dalla moglie, per via della facciata modernista che dà sulla Vodičkova ulice. Fu proprio Havel quindi a creare la prima galleria della città, con abitazioni, spazi per uffici, negozi e ristoranti.

Vi consigliamo di visitare il caffè Kavárna Lucerna al primo piano e il cinema con gli interni in stile cosiddetto "terzo rococò". Il club di musica rock era in origine un cabaret, dove si sono esibiti l'attore Vlasta Burian e il duo satirico Voskovec e Werich. Ma più famosa è la Sala Grande, uno spazio polifunzionale ai piani sotterranei rimasto per anni il più grande della città. In origine doveva essere una pista sul ghiaccio, ma le risorse non furono sufficienti. Prima della Seconda guerra mondiale vi si tennero importanti conferenze e si esibirono artisti come Josephine Baker; oggi ci vengono i liceali per il ballo di fine anno.

Nel 1952 il palazzo passò in mano allo Stato che vi organizzò molte manifestazioni del regime. Ma i cittadini di Praga ripensavano più volentieri ai concerti di Louis Armstrong, Ella Fitzgerald o del leggendario gruppo beat ungherese Locomotiv GT. Questo edificio ha infatti un *genius loci* talmente legato alla cultura che nemmeno i comunisti riuscirono a far tacere. Non è quindi un caso se proprio qui, alla morte di Václav Havel, si è tenuto un grande concerto commemorativo in suo onore.

Indirizzo Vodičkova 36, 110 00 Praha 1; www.lucerna.cz | **Come arrivare** Můstek (metro A) uscita direzione Václavské náměstí, poi percorrere Vodičkova ulice | **Un suggerimento** È proprio da questa galleria che gli architetti dei *passages* di piazza San Venceslao. La galleria del Palác Koruna, all'estremità inferiore della piazza, è famosa per gli allestimenti in tardo stile liberty e per l'impressionante cupola di vetro che la sovrasta.

68_Paralelní polis

La città parallela

Una volta qui c'era uno dei migliori caffè di Praga. Ora immaginate di entrare in un bar, al centro del quale c'è un bancone che sembra un normalissimo tavolo. Per prima cosa vi chiederete se c'è qualcuno che verrà mai a servirvi, ma non è l'unica stranezza che vi capiterà in questo caffè.

Proprio all'entrata c'è un distributore automatico dove potrete cambiare le corone ceche in bitcoin, la valuta più nuova della terra. A differenza del dollaro, dell'euro o delle corone, i bitcoin non esistono materialmente ma sono solo virtuali, si usano in modo simile alle carte di credito. È facile servirsi del distributore di bitcoin, bastano un paio di tocchi sul touch screen e sul vostro cellulare apparirà un borsellino virtuale con l'importo da voi selezionato. Per chi non possiede uno smartphone è possibile fare una stampa del "borsellino".

Perché tutte queste complicazioni? Perché ne vale la pena. Poiché il bitcoin è una valuta decentralizzata, che non appartiene a un paese o a una banca, l'utilizzatore resta praticamente anonimo. Potrete dunque provare come sia facile agire al di fuori del controllo delle istituzioni.

Anche per questo è stato fondato Paralelní polis: l'edificio nero e grigio che ospita il bar, è ricco di soprese. Vi hanno sede un laboratorio con stampanti 3D, una sala conferenze e l'Istituto per la criptoanarchia – il nome che si sono dati gli hacker che qui hanno a disposizione uno spazio di coworking. Quasi tutti i mobili sono di cartone, come quelli del bar.

Dietro al progetto c'è il gruppo di artisti Ztohoven, che fece uscire la notizia dell'esplosione di una bomba atomica durante una trasmissione in diretta della televisione ceca. Il tribunale allora assolse il gruppo dall'accusa di diffusione di notizie false.

Nel Paralelní polis anche voi vi renderete conto che non bisogna temere gli hacker e le persone che esplorano modi alternativi per far funzionare la società.

Indirizzo Dělnická 43, 170 00 Praha 7; www.paralelnipolis.cz | Come arrivare Dělnická (tram 1, 6, 12, 14, 25), poi un tratto a piedi in direzione della Moldava | Orari Lun-ven 8-20; sab-dom 10-20 | Un suggerimento Se volete conoscere gli apparecchi con cui sono cresciuti gli hacker di oggi e i loro padri, date un'occhiata al piccolo Museo del computer a Jatečná ulice 33a, all'interno del gigantesco show room del negozio di elettronica Alza.cz.

69 Il parco giochi segreto

Un paese delle meraviglie a misura di bambino

Bambini e gite turistiche: una combinazione difficile. Bisogna assolutamente farsi venire un'idea. Forse il modo migliore è proporre loro una destinazione misteriosa, come il parco giochi segreto di Nový Svět (Nuovo Mondo), a pochi passi dal Castello di Praga.

Ovviamente non si tratta di un luogo segreto, solo che è nascosto dietro un muro piuttosto alto ed è accessibile da un piccolo cancello che può facilmente passare inosservato. Dall'altro lato, l'area è delimitata da una recinzione metallica che dovrebbe impedire ai bambini di sconfinare nell'adiacente Fossato dei cervi.

Il parco giochi è sorprendentemente moderno e ben attrezzato, ma in fondo non c'è da stupirsene, visto che negli ultimi dieci anni è stato ristrutturato per ben due volte, la prima delle quali su iniziativa della First Lady Livia Klausová, che lo inaugurò in pompa magna nel 2009.

Oggi i bambini hanno a loro disposizione scivoli e strutture per arrampicata con cui divertirsi e questo permette ai genitori di godersi un po' di pace – anche se forse è esagerato parlare di "pace" perché pur non essendo frequentato da molti turisti, il parco è lo spazio giochi preferito dai residenti.

Del resto, questo vale per tutta l'area di Nový Svět. Anche se le sue pittoresche stradine sono a due passi da Hradcany, sono pochi gli stranieri che si spingono fin qui. Il quartiere, negli anni Venti ancora povero e dimesso, si è trasformato col tempo in una delle zone residenziali predilette dagli artisti. Con un po' di fortuna vi si può incontrare ad esempio Jan Švankmajer, sceneggiatore e regista dallo spirito surrealista, noto soprattutto per i suoi film di animazione.

Tornando a casa, se i vostri figli vi chiederanno perché l'abitazione all'angolo tra la Černínská e Nový Svět ha un numero civico pur non avendo una porta d'ingresso, sfoderate un po' di fantasia rispondendo loro che forse è proprio lì che abita la Alice di Švankmajer… chissà?

Indirizzo Nový Svět, 118 00 Praha 1 (l'ingresso al parco giochi si trova di fronte al civico 11) | **Come arrivare** Pohořelec (tram 22), proseguire in direzione del Castello passando per il santuario di Loreto, poi per la Černínská e imboccare la stradina di Nový Svět. Più breve ma meno suggestivo è il percorso dalla fermata di Brusnice attraverso la U Brusnice | **Un suggerimento** A pochi metri dall'ingresso del parco c'è una targa commemorativa secondo la quale Tycho Brahe sarebbe morto non lontano da qui. La cosa curiosa è che l'informazione è sbagliata. Il celebre astronomo danese morì nella casa dove oggi sorge il ginnasio intitolato a Giovanni Keplero sulla Parléřova vicino alla stazione dei tram di Pohořelec.

70_Parco Ztracenka

Un paradiso dimenticato

È quasi incredibile che soltanto pochi abitanti e gli studenti del vicino campus Albertov conoscano Ztracenka, il "parco perduto". Forse dipende dal fatto che esiste da poco: in passato questo pezzo di terra ripido e stretto tra le mura della città nuova e quelle di un vecchio convento agostiniano ospitava un frutteto e un vigneto. Fino al 1989 c'erano i bambini delle elementari che venivano qui durante la ricreazione, poi il giardino è stato abbandonato: un paradiso incantato caduto nel dimenticatoio.

Solo nel 2010 si è deciso di ricostruirlo, iniziando dall'allestimento di una fitta rete di piccoli sentieri cui è seguita la costruzione di terrazze in mattoni, ispirate alle sottostanti terrazze barocche del Castello. Qui è possibile rilassarsi e godere del meraviglioso panorama cittadino.

Se parlando di Ztracenka sembra già di aver condiviso un segreto, questo vale ancora di più per la vicina pista dei birilli e il chiosco dei panini, praticamente sconosciuti a tutti anche se sono solo a due passi dal parco. Basta percorrere pochi metri lungo la Horská ulice, poi superare un piccolo portone sulla destra, per trovarsi davanti una bassa capanna di legno e avere la sensazione di essere in un malinconico dipinto di Kamil Lhoták. Si tratta di un circolo privato, ma potrete comunque prendere una birra in terrazza o ordinare qualcosa da mangiare. A detta del gestore gli orari di apertura dipendono dalle condizioni del tempo.

Dopo esservi ristorati vi aspettano i birilli, considerati da chi ci gioca uno sport in tutto e per tutto, non un semplice passatempo come il bowling; già al primo sguardo si notano le differenti bocce prive di fori.

La pista è in funzione dagli anni Trenta, ma da sempre corre voce che lo storico impianto sarà abbattuto, anche se finora senza riscontri concreti. Sarebbe proprio un peccato perdere questo pittoresco angolino della vecchia Praga.

Indirizzo Ingresso da Horská, 128 00 Praha 2 | **Come arrivare** Albertov (tram 7, 14, 18, 24), poi lungo Horská ulice. Il secondo ingresso al parco Ztracenka si trova dietro l'edificio della facoltà di Matematica e Fisica dell'Università Carolina sulla Ke Karlovu | **Orari** Parco Ztracenka: da maggio a settembre 8-20; da ottobre a aprile 8-18; pista dei birilli, *kuželník*, mar-gio 15-24, negli altri giorni per prenotazioni rivolgersi al signor Smékal, tel. 608877866 | **Un suggerimento** Si respira un'aria molto speciale anche ad Albertov, l'unico quartiere di Praga che si identifica con il campus universitario. Proprio all'angolo tra le vie Albertov e Studničkova ci sono due lapidi in ricordo della marcia studentesca che diede il via alla Rivoluzione di velluto del 1989.

71 Il passaggio segreto

Un caffè nascosto

Al n. 15 della via Spálená vi troverete davanti a un ingresso sporco e pieno di scritte fatte con la vernice spray. A meno che non siate studenti della vicina Scuola superiore di giornalismo, difficilmente vi verrà in mente di entrare in un posto simile. Invece ne vale la pena: non solo perché così ridurrete notevolmente il tragitto dalla Spálená all'Opatovická, ma perché all'interno vi attendono non una ma ben due sorprese.

Il passaggio conduce in un piccolo cortile parzialmente coperto da una tettoia di vetro, da cui si accede a uno spazio più grande. Qui si trova il caffè minimalista Super Tramp – forse perché solo un "super vagabondo" può scovare un posto simile. Potrete gustare un delizioso caffè comodamente seduti a uno dei tavolini esterni e ammirare di tanto in tanto la facciata interna della casa e l'ampia terrazza dall'atmosfera decadente che rende questo luogo lo scenario perfetto per un film romantico.

Ma non è tutto: qui nacquero le prime traduzioni ceche delle opere di Karl May, scrittore tedesco celebre per i suoi romanzi ambientati nel Far West. I due edifici e in seguito anche l'adiacente casa d'angolo in via Opatovická appartenevano alla famiglia Vilímek, che tra la fine dell'Ottocento e la prima metà del Novecento era proprietaria di una delle più celebri case editrici ceche, la prima a usare la macchina rotativa nel 1891. Oltre a Karl May, qui vennero tradotte e stampate anche le opere di Jules Verne e le avventure di Sherlock Holmes.

Negli anni Novanta gli edifici andarono incontro a una scandalosa privatizzazione. Così oggi, oltre alla scuola di giornalismo, qui hanno sede solo alcune aziende e le case aspettano invano i lavori di ristrutturazione che sarebbero necessari. Uscendo dal cortile interno sull'Opatovická troverete un altro ingresso al caffè, poco attraente quanto l'altro. Forse è meglio così: i passaggi segreti devono essere nascosti a dovere, se no che segreto è?

Indirizzo Spálená 15 e Opatovická 18, 110 00 Praha 1 | **Come arrivare** Národní třída (metro B) | **Orari** Super Tramp Coffee: lun-ven 8-20; www.facebook.com/supertrampcoffee.cz | **Un suggerimento** Una targa commemorativa sulla vicina chiesa di San Michele ricorda Albert Schweitzer, medico e premio Nobel per la pace, che negli anni 1923 e 1928 ha tenuto qui concerti per organo.

72 Il paternoster

Il fascino di un'altra epoca

Difficilmente un ascensore suscita così tante emozioni come quello a paternoster. C'è chi teme di non riuscire a salire o a scendere, altri invece sono colti da nostalgia alla vista del dispositivo girevole. Gli adolescenti più audaci scelgono di non scendere all'ultimo piano, ma restano all'interno della cabina, curiosi di sapere cosa accadrà. L'era dei paternoster purtroppo è finita, quindi saltate su prima che scompaiano tutti.

L'ascensore a paternoster è un sistema di cabine attaccate a due catene, il suo movimento continuo ricorda quello dei fedeli mentre scorrono tra le dita i grani del rosario, da qui il nome "paternoster". Il primo ascensore di questo tipo, alimentato a vapore, nacque in Inghilterra intorno agli anni Ottanta dell'Ottocento. In Cecoslovacchia fiorirono negli anni Venti del secolo scorso con lo sviluppo delle grandi aziende. Sono infatti ideali per edifici che ospitano molte persone perché non si perde tempo ad aspettare. Negli anni però, non corrispondendo agli standard di sicurezza attuali, sono stati smantellati. Comunque non c'è nulla da temere: se qualcuno rimanesse bloccato tra la cabina e l'uscita, un sensore fermerebbe l'ascensore.

A Praga ci sono ancora venti ascensori a paternoster, ma solo pochi sono ancora accessibili al pubblico. In centro ne sono rimasti tre: uno a Dům U Nováků, complesso che ha come modello i centri commerciali di Parigi, un altro nel palazzo del municipio di Praga 1, vicino alla prima scalinata e infine uno all'interno della Galleria Lucerna, nascosto dietro una porta bloccata, proprio di fronte all'ingresso della Sala Grande.

Ma cosa succede se nonostante tutti gli avvisi di pericolo non scendete e superate l'ultimo piano? La cabina si rovescerà a centottanta gradi o si sposterà semplicemente in orizzontale? Scopritelo da soli, anche se a questo punto vi abbiamo già svelato che tutti gli adolescenti smaniosi di avventure sono sopravvissuti.

Indirizzo U Nováků: Vodičkova 30; Úřad městské části Praha 1, municipio di Praga 1: Vodičkova 18; Lucerna: Vodičkova 36, 110 00 Praha 1 | **Come arrivare** Můstek (metro A, B) uscita direzione Václavské náměstí | **Orari** U Nováků: lun-ven 6-18; municipio: lun e mer 8-19 solo nei giorni feriali; Lucerna: l'accesso è consentito unicamente a chi visita una delle aziende che hanno sede qui | **Un suggerimento** Al primo piano di Palackého 7 è possibile visitare l'abitazione originale dello storico František Palacký e di suo genero František Ladislav Rieger, due esponenti della Rinascita nazionale ceca. Per appuntamenti consultare il sito www.nm.cz

73 Pečkárna

La casa degli orrori

In passato il nome di questo edificio suscitava un terrore indescrivibile: tra il 1939 e il 1945 il palazzo costruito dal banchiere Julius Petschek e noto come Pečkárna è stato il quartier generale della Gestapo per la Boemia. Oggi è sede del ministero dell'Industria e del Commercio e solo in pochi sanno che gli scantinati in cui i prigionieri aspettavano di essere interrogati sono diventati un luogo di commemorazione.

La mostra in sé non è molto equilibrata. Mentre sulla Gestapo e la Resistenza vengono fornite poche informazioni, la prima sala è dedicata ai Sudeti, ma senza menzionare l'espulsione dei tedeschi dopo la guerra. Vale la pena visitarla per i locali, ma non aspettatevi niente di piacevole: è tutto oscurato o addirittura privo di finestre; solo silenzio, luci accecanti e mancanza di ossigeno. Come accadeva a suo tempo, anche voi entrerete direttamente in una sala con le panche di legno, sulle quali i prigionieri spesso dovevano attendere intere giornate in silenzio, fissando la parete bianca: per questo la sala è detta anche "cinema". Chi parlava veniva punito: niente cibo e tre giorni in piedi.

Di fronte ci sono undici celle strettissime, ricavate dalle ex casseforti della banca, dove erano rinchiusi i "casi particolari". Il tavolaccio di legno e l'angusto corridoio in cui si sta a malapena in piedi erano illuminati soltanto da una piccola finestra. Accanto c'è la stanza degli interrogatori, che una volta era al primo piano. Ci sono solo gli strumenti di tortura: il trapezio di legno a cui venivano legati i prigionieri o i giubbotti con barre di ferro che le guardie naziste facevano indossare alle loro vittime in modo da causare gravi ferite interne senza lasciare alcun livido.

Vi può venire la nausea a sentire le storie di chi fu interrogato qui. Il malessere potrebbe accompagnarvi anche molto tempo dopo che sarete usciti: oggi come ieri Pečkárna continua a provocare una profonda angoscia.

Indirizzo Politických vězňů 20, 110 00 Praha 1 | **Come arrivare** Muzeum (metro A, C), poi proseguire a piedi lungo la Washingtonova | **Orari** Visite guidate per un minimo di cinque persone e solo su prenotazione tramite email a csbspraha@volny.cz oppure durante gli open day. Le guide parlano solo ceco ma è possibile portare un interprete | **Un suggerimento** Sotto l'Hotel Jalta, a Václavské náměstí 45, c'è il vecchio rifugio antiatomico in cui doveva essere trasferito il comitato anticrisi degli stati del Patto di Varsavia in caso di guerra. Oggi ospita il Museo della guerra fredda, allestito da alcuni appassionati: per visitarlo potete prenotare tramite il sito www.muzeum-studene-valky.cz

74_Il percorso didattico

Nove chilometri di contrasti

Ai nomi di Vysočany, Prosek e Střížkov la maggior parte dei praghesi non associa niente di particolarmente bello. Vysočany si presenta come un'area industriale, a Prosek trovate miseri insediamenti comunisti e a Střížkov solo la squadra di calcio locale che imita il famoso club del Bohemians 1905. Un vero peccato perché sono quartieri molto vari e proprio questi contrasti rendono così interessante il percorso didattico che li attraversa per nove chilometri, con ventuno tappe e numerosi tabelloni per percorrerlo senza perdersi nulla.

Iniziate dalle parti della metro di Střížkov, probabilmente la più bella stazione della metropolitana di Praga, che con il suo design futurista ricorda lo scheletro di una balena. Si può quasi pensare di essere al centro del quartiere La Défense a Parigi, sempre che riusciate a dimenticare le infinite schiere di deprimenti prefabbricati in cemento armato di Prosek. In mezzo però c'è il grazioso parco dell'Amicizia con stagni e canali, poi il sentiero raggiunge il giardinetto del quartiere vecchio e se non aveste appena attraversato uno degli insediamenti più orribili, vi sembrerebbe di aver raggiunto un borgo pittoresco. Da qui in avanti la strada scende ripida. Continuando forse vi servirà un po' di coraggio, dato che vi attende il sottopassaggio per la stazione di Vysočany. L'entrata è coperta di scritte fatte con la vernice spray mentre le erbacce coprono l'insegna del percorso didattico, ma senza dubbio vale la pena percorrerlo: che meraviglia vi aspetta!

Il pezzo forte del tragitto a Vysočany è il parco Podvinní, meravigliosamente restaurato, con un castello celtico a forma di lucertola, una terrazza panoramica, una galleria e il lago del Drago. Da qui potete proseguire lungo la pista da bob, le rupi di Prosek e le piccole abitazioni fino alla via Teplická, che vi ricorderà il motivo per cui i praghesi non associano niente di bello a Prosek, Vysočany e Střížkov.

Indirizzo e come arrivare Naučná stezka, da Střížkov (metro C) seguire le indicazioni per il percorso (un quadrato bianco con una striscia diagonale verde). Potete trovare il sentiero sulla homepage di www.mapy.cz: inscrite Střížkov metro nel campo di ricerca, poi in alto a sinistra cliccate Změnit mapu poi Turistická. La linea verde tratteggiata indica il sentiero NS MČ Praha 9-SZ stezka | **Un suggerimento** Il tabellone n. 13 prende il nome da un'importante cantante d'opera ceca, Ema Destinnová. Da questo punto è possibile ammirare un insolito panorama della città, per farlo bisogna tornare un po' indietro e prendere un sentiero poco visibile, che attraversando i cespugli porta direttamente all'angolo tra Nad Kundratkou e Na Stráži.

75 Piazza delle cinque chiese

...che in realtà non ne ha neanche una

Non affannatevi a cercare l'indirizzo sulla mappa: il fatto che questa piazza pittoresca si chiamasse un tempo Pětikostelní náměstí (piazza delle cinque chiese) è dimostrato dall'indicazione "Pětikostelská ulice" che si trova nella via Sněmovní, sotto il cartello stradale. Anche se il nome è stato utilizzato ufficialmente fino al 1891 e poi di nuovo durante la Seconda guerra mondiale, i praghesi la chiamano tuttora così.

In realtà, il nome è frutto di una confusione degna della torre di Babele: infatti, qui di chiese ce n'erano solo tre. Sant'Andrea fu distrutta durante le guerre hussite, San Martino e San Michele vennero demolite all'inizio del Settecento.

Il nome della piazza non ha nulla a che vedere con tutto ciò, ma è dovuto alla nobile famiglia Fünfkirchen (cinque chiese, appunto, in tedesco), che un tempo abitava qui.

Oggi questo luogo tranquillo è un rifugio dal rumoroso andirivieni che anima la piazza di Malá Strana. Ci si può comodamente sedere sulle panchine all'ombra degli alberi, tra l'erba che cresce sulla strada di ciottoli.

L'unica cosa che turba la pace dell'anima è il monumento a Milada Horáková, condannata all'impiccagione nel 1950 dopo un processo farsa condotto a fini propagandistici. La coraggiosa combattente per la resistenza che osò sfidare il regime è raffigurata come un'allodola appollaiata sul microfono di un podio da oratore. La coraggiosa Horáková lottò fino alla fine per le sue idee. Alcune frasi dalla sua ultima lettera – tra i documenti più commoventi della storia ceca – sono inscritte sul selciato.

Dalla parte superiore della piazza si ha una rara visione della cupola di San Nicola e dall'altro lato del Castello di Praga. Proseguendo in direzione di Hradčany, si arriva al vicolo U Zlaté studně e all'omonimo ristorante dove si può pranzare godendo di una vista mozzafiato sui tetti di Praga.

Indirizzo Sněmovní, 110 00 Praha 1 | **Come arrivare** Malostranské náměstí (tram 12, 15, 20, 22) | **Un suggerimento** Per arrivare all'entrata principale dell'ambasciata britannica, Thunovská 14, occorre attraversare uno stretto passaggio tra gli edifici. Oltre alle telecamere e alla polizia, il sito è sorvegliato anche dal busto di bronzo di un Winston Churchill dall'aria così tenace da rendere evidente il motivo per cui è stato soprannominato il "bulldog".

76 La pista ciclabile

Una gita nel socialismo reale

Vi piacerebbe correre su una pista ciclabile che si snoda sotto le chiome degli alberi accanto alle acque placide del fiume? Se la risposta è sì, provate la strada che va da Řepy a Hlubočepy e non ne rimarrete delusi. Dopo aver attraversato la splendida valle del Prokop, costellata da alti pendii, vi aspetta un'esperienza del tutto particolare: la visita di Lužiny, uno dei grandi insediamenti tipici dell'epoca comunista in cui vive ancora mezzo milione di persone.

Lužiny è stato costruito tra gli anni Settanta e gli Ottanta come parte dello Jihozápadní město, uno dei tre complessi residenziali di Praga. Qui gli edifici prefabbricati sono disposti in cerchio, con grandi cortili che si aprono all'interno: un'articolazione piuttosto inusuale per spazi simili.

La pista ciclabile si snoda attraverso tre di queste strutture, tra la Písková a est e l'Oistrachova a ovest. Le strade principali utilizzate dagli automobilisti possono essere attraversate facendo uso dei ponti.

Dopo essere entrati nell'insediamento tramite un passaggio piuttosto basso, vi troverete in un grande spazio silenzioso, circondato da prati, alberi e case prefabbricate su cui si aprono centinaia di finestre. Se negli anni Ottanta tutto questo cemento grigio dava un'impressione di desolazione, oggi il quartiere appare vivace e illuminato, grazie agli abitanti che stanno cercando di dare un volto umano al luogo in cui vivono. Anche i cortili interni sono stati ripristinati: oltre ai recinti di sabbia e agli asili infantili ci sono parchi gioco ben attrezzati. Eppure è difficile liberarsi dalla sensazione di trovarsi immersi in un esperimento "sociale": una gigantesca zona residenziale priva di caffè, negozi e gallerie d'arte, in cui l'unico modo di stare insieme sono quei recinti di sabbia che i residenti vedono tutti i giorni dalle loro finestre.

A meno che non viviate anche voi in un posto del genere, questa gita in bicicletta sarà una sorta di percorso didattico.

Indirizzo Cyklostezka Řepy – Hlubočepy, 155 00 Praha 13; www.prazskecyklostezky.cz/cyklostezka/re-hl.aspx | **Come arrivare** Da Lužiny (metro B) proseguire sulla pista ciclabile. Al ritorno potete abbreviare il giro scendendo alla fermata Luka; il percorso è contrassegnato da cartelli gialli con su scritto ŘE-HL. L'insediamento si trova tra la Písková e la Oistrachova | **Un suggerimento** Attraversate l'Oistrachova e proseguite il vostro giro sulla pista ciclabile. Dopo pochi chilometri troverete una chiesa neogotica (Kovářova 21) costruita nei primi del Novecento sul sito di una chiesa romanica. Insieme a diverse altre case d'epoca, la chiesa costituisce una sorta di isola in un mare di cemento.

77_Il ponte dell'intellighenzia

La favola del socialismo

Immaginate di fare una passeggiata lungo una strada di campagna, accanto a un binario ferroviario relativamente vicino al centro della città, che corre a un'altezza di 19 metri. Se l'idea vi piace e se avete una predilezione per i muri degli edifici industriali fatiscenti il Branický most è proprio quello che fa per voi. Vale tuttavia la pena di raccontare il motivo per cui a Praga questo ponte sulla Moldava è chiamato in un altro modo.

C'era una volta una comunità stanca di sopportare ogni giorno il rumore prodotto dallo sferragliare dei treni merci che passavano in continuazione davanti alle finestre delle loro case. Per ovviare al problema, negli anni Venti il governo decise di costruire un bypass ferroviario, ma il progetto non fu realizzato perché costava troppo. Dopo qualche anno i comunisti salirono al potere. Il nuovo governo non era così parsimonioso, al contrario: per costruire il socialismo era disposto a tutto. Il progetto venne così ripreso in mano e i lavori iniziarono dal ponte più grande. A edificarlo furono chiamati medici, professori e avvocati che si erano resi sospetti perché non avevano dimostrato lo zelo necessario nella costruzione della nuova società. Per questo di lì a poco la struttura venne ribattezzata il "ponte dell'intellighenzia". I lavori terminarono nel 1955 con la posa dei binari. Peccato però che fossero inutilizzabili dal momento che non era ancora stato scavato il tunnel nella montagna necessario al passaggio dei treni sul ponte. Passarono altri dieci anni. Quando i comunisti cominciarono a scavare il tunnel, si resero conto che la roccia non era abbastanza solida e che sarebbe crollata se il tunnel fosse stato troppo ampio. Decisero così di utilizzare solo uno dei due binari ed eliminarono l'altro. Per questo, ancora oggi i treni passano su quell'unico binario, accanto al quale è possibile passeggiare in tutta tranquillità.

Indirizzo Branický most, 147 00 Praha 4 | Come arrivare Nádraží Braník (tram 2, 3, 17, 21), attraversate il sottopassaggio fino alla stazione degli autobus, poi percorrete un tratto della Pikovická fino al ponte e salite le scale vicino al pilastro; sull'altro lato del ponte, alla fermata Malá Chuchle sulla Strakonická partono gli autobus per Smichovské nádraží | Un suggerimento Se volete distrarvi dalla contemplazione della decadenza industriale, inforcate la bici o indossate i vostri pattini e avventuratevi su una delle più belle piste ciclabili di Praga, che arriva proprio sotto al ponte.

78_Požáry

Tra geologia e romanticismo

Se avete un'anima vagabonda o siete affascinati dal selvaggio West, a Praga non troverete luogo migliore del parco nazionale Požáry, che significa "incendi".

Se siete dei geologi, troverete davvero interessante questo posto un po' fuori mano: l'antica cava di calcare Požáry è infatti uno stratotipo noto in tutto il mondo, ovvero l'ideale per analizzare gli strati rocciosi di un determinato periodo geologico. Nel mondo ci sono solo 77 aree simili, di cui tre nella Repubblica Ceca. Chi ama studiare la preistoria attraverso le rocce ne sarà sicuramente entusiasta perché questo è un importante luogo di ritrovamento di trilobiti e altri fossili.

Per gli amanti della natura, specialmente quelli che più di tutto vorrebbero percorrere *500 miles* di *country roads* come nelle canzoni, Požáry è un luogo che risveglia sensazioni intense. Già l'ingresso risulta imponente. A poca distanza dal sentiero si sale una ripida scala di ferro per raggiungere una galleria lunga parecchi metri, che in passato era percorsa dalla monorotaia per trasportare all'esterno le rocce estratte. La parete frontale della galleria scavalca la valle tra due rupi, al cui ingresso c'è un arco finto gotico che dà la sensazione di entrare in un regno medievale ormai dimenticato. Sul lato opposto troverete la cava di pietra, divisa in due parti da un'altra galleria. La seconda sezione della cava è stata scavata rozzamente nella roccia e in fondo alcune parti sono crollate, quindi sarà meglio portare con sé una lampada tascabile. Se ne siete sprovvisti, potrete comunque ammirare le rocce circostanti, dalle quali è stato estratto il calcare fino all'inizio della Seconda guerra mondiale.

Anche se non ne avete avuto ancora abbastanza di romanticismo e selvaggio West, purtroppo non possiamo invitarvi ad accendere un falò: nessuno vorrebbe che questo luogo mantenesse fede al proprio nome! Ovviamente però potreste intonare una canzone, magari *Ring of Fire* di Johnny Cash.

Indirizzo Na Požáru, 155 00 Praha 5 | **Come arrivare** Nemocnice Motol (metro A), poi Řeporyjské náměstí (bus 174), proseguire lungo la via Dalejská sotto al viadotto, subito dopo prendere la via K Holému e dopo 650 metri a destra lasciare la strada e salire una scala di ferro | **Un suggerimento** A Řeporyjské náměstí vi consigliamo di visitare la Kavárna Na náměstí, dove avrete la dimostrazione che anche in periferia è possibile trovare un eccellente caffè, qualcosa di sfizioso e un servizio cordiale.

79_Pragulic

L'altra faccia della città

Una guida così non l'avete mai avuta: si chiama Karim, ha gli occhi truccati di scuro, le unghie accuratamente laccate, porta pesanti anelli e indossa abiti un po' logori. Ha circa quarant'anni, gli manca qualche dente davanti e questo, insieme ai duri tratti del viso, lo fa sembrare più vecchio. Non c'è da stupirsi visto che ha vissuto oltre vent'anni per strada, si è prostituito per mantenersi e ha preso metanfetamine per sei anni. Karim è uno dei pochi che ce l'ha fatta a venirne fuori e oggi lavora per Pragulic, un esempio di imprenditoria sociale che intende mostrare la città attraverso gli occhi dei senzatetto.

Pragulic è stata fondata nel 2012 da tre studenti che volevano aiutare le persone senza casa, permettendoci di imparare a conoscere proprio chi di solito evitiamo, avviando al tempo stesso un'impresa solida. Oggi Pragulic dà lavoro stabilmente all'incirca a sette guide e ognuna vi mostra la zona della città che rispecchia la sua esistenza: droghe, alcol, prostituzione, passione per il gioco o la brama di libertà portata agli estremi.

Karim comincia il suo tour cittadino dalla stazione centrale, dove ha iniziato a vendere il suo corpo a sedici anni. Divide la città in zone: così verrete a sapere che mentre piazza San Venceslao è in mano a diversi gruppi mafiosi, sul ponte Carlo si prostituiscono le studentesse ceche e le ragazze madri. Vi dirà in quale *passage*, bidone o canale è possibile passare la notte, quanto si guadagna al giorno chiedendo l'elemosina e dove sono di pattuglia i poliziotti più corrotti. Vi porterà a Perlová, in passato centro dell'amore mercenario, e al caffè Louvre, dove prima c'era la famigerata discoteca Riviéra in cui uno dei suoi clienti lo ha infettato intenzionalmente con l'HIV. Paradossalmente è stato proprio questo che l'ha tolto dal giro della prostituzione.

Molti di questi luoghi li conoscerete già, eppure avrete la sensazione di non esserci ancora mai stati davvero.

Indirizzo e orari Ogni guida fa più visite a settimana, il punto d'incontro cambia, ma potete prenotare su www.pragulic.cz | Un suggerimento C'è una targa sulla casa all'angolo tra Uhelný trh e Perlová che ricorda con discrezione il sesso selvaggio che si consuma nel quartiere di Perlovka. C'è scritto: "Alle donne perdute. Onore alle loro f…"

80_Přístav 18600

Porto di pace

Nel 1822, a Karlín, è sorto il primo porto commerciale della città. Per cento anni qui sono state armate le navi che dalla Moldava e dall'Elba raggiungevano Amburgo. Poi il letto della Moldava si è spostato e il porto ha perso gradualmente importanza. Di Karlín è sopravvissuto solo il quartiere che confina con il fiume, eppure in quest'area non c'è mai stato un luogo vicino all'acqua per rilassarsi con i bambini o anche solo per mettersi comodi.

Fino a quando, nel 2014, tre giovani immigrati e padri di famiglia non si sono rimboccati le maniche e hanno creato questo posto. Il comune ha dato loro gratuitamente un piccolo pezzo di terra tra il fiume e la pista ciclabile, dove i tre hanno rimosso montagne di spazzatura, costruito un bar ed ecco fatto: Přístav, che significa porto, mentre 18600 è il codice postale.

Non aspettatevi niente di lussuoso o ben organizzato: a poca distanza dalla riva c'è un container navale rosso con un tendone bianco dove potete prendere un caffè, una birra o una salsiccia, che poi cuocerete voi stessi sul fuoco o su uno dei grill messi a disposizione a pagamento. Ogni arredo è soprattutto economico e funzionale: i pasti possono essere consumati su tavoli di cemento, mentre i bambini hanno a disposizione anelli di calcestruzzo su cui arrampicarsi, altalene fatte con gli pneumatici e amache. Ogni tanto si tengono eventi culturali, concerti o dibattiti, non mancano neppure un campo da beach volley e gli impianti sanitari.

Přístav 18600 è diventato così un luogo in cui fuggire per un po' dalla confusione della città e questo anche se a poca distanza ci sono gli enormi palazzi per uffici che negli ultimi anni sono nati come funghi a Karlín, trasformandolo gradualmente da quartiere operaio a zona trendy. L'amministrazione però ha dato in concessione questo terreno solo per un periodo limitato, c'è quindi da augurarsi che con il tempo Přístav 18600 non subisca di nuovo la stessa sorte del passato.

Indirizzo Rohanský ostrov, 186 00 Praha 8, www.18600.cz | Come arrivare Křižíkova (metro B) poi lungo la Thámova e U Mlýnského kanálu, infine seguire la pista ciclabile fino al fiume | Orari Il bar è aperto da maggio a settembre tutti i giorni dalle 12 alle 23 | Un suggerimento A Pobřežní 21 c'è Main Point, vincitore nel 2011 del premio come miglior edificio per uffici del mondo. Al primo piano c'è una galleria con una collezione d'arte, frutto delle riserve finanziarie del gruppo assicurativo Kooperativa. Le opere di Jan Zrzavý, Mikoláš Aleš e altri artisti cechi sono accessibili gratuitamente ogni martedì e giovedì dalle 10 alle 18.

81 Pubblicità d'altri tempi

L'asino che raglia e altri politici

"Si replica tutti i giorni": un'informazione che può sembrare ordinaria, anche se è scritta su un cartellone che ricopre completamente il muro di un palazzo. Lungi dall'essere banale, questa réclame è al contrario molto interessante perché racconta un pezzo di storia del teatro di Praga e promuove una compagnia che non esiste più da anni.

La pubblicità del Teatro Liberato e del duo comico composto da Jan Werich e Jiří Voskovec ha ben ottant'anni e dal 2009 è di nuovo visibile dopo il restauro curato dal comune di Praga. Si trova in un punto un po' nascosto, su un edificio di via V Jámě, proprio accanto al palazzo U Nováků, dove l'irresistibile duo d'avanguardia si trasferì nel 1930. Oggi su questo palcoscenico che ha visto tante volte i due attori dare il meglio di sé, è di casa la compagnia Divadlo ABC.

Dopo l'avvento del nazismo in Germania, le rappresentazioni di Voskovec e Werich divennero sempre più politicizzate, tanto che nella versione originale dell'*Asino e le ombre* la voce di Adolf Hitler proveniva dal muso di un asino. Per ragioni diplomatiche la voce e il nome del personaggio alla fine dovettero essere cambiati. Qui sono stati eseguiti per la prima volta molti brani poi diventati famosi, come *Tmavomodrý svět* del compositore jazz Jaroslav Ježek, collaboratore dei due attori.

La pubblicità con la caricatura di Voskovec e Werich è opera di Adolf Hoffmeister, un altro stretto collaboratore del Teatro Liberato. All'epoca, la pubblicità utilizzava colori spenti, principalmente ocra e grigio, anche perché era molto più facile attirare l'attenzione dei passanti.

Questa réclame è oggi di particolare interesse proprio perché poco appariscente. Peccato che questi eleganti ricordi della Cecoslovacchia tra le due guerre, come le insegne dei negozi o i cartelli pubblicitari, stiano continuando a scomparire dalla città, anche se molti locali cercano di ricreare l'atmosfera caratteristica di quel periodo.

Indirizzo V Jámě – nei pressi della Štěpánská, 110 00 Praha 1 | **Come arrivare** Vodičkova (tram 3, 5, 6, 9, 14, 24); Můstek (metro A, B) uscita direzione Václavské náměstí | **Un suggerimento** Se vi interessa la fotografia, a Školská 28 trovate la piccola ma graziosa Leica Gallery con una bella caffetteria. Tutti gli anni qui si tengono fino a sette mostre, presentate da fotografi di rilievo, nazionali e internazionali. La galleria ospita anche workshop aperti al pubblico.

82 In ricordo dell'orrore

I sette dell'operazione Anthropoid

18 giugno 1942. Poco dopo le quattro del mattino, mentre la città è ancora immersa nel buio, centinaia di uomini della Gestapo e delle SS circondano la cattedrale dei Santi Cirillo e Metodio. Qui si nascondono da venti giorni i sette paracadutisti cechi e slovacchi che il mese precedente hanno compiuto l'attentato contro Reinhard Heydrich, Reichsprotektor di Moravia e Boemia soprannominato "la bestia bionda", che era morto per le conseguenze dell'attacco. Ci vorranno altre otto ore perché i nazisti riescano a espugnare la cappella sotterranea dove i fuggiaschi si sono asserragliati.

Entrando in questa cripta attraverso una porta d'acciaio nero ci si sente soffocare. Oggi le nicchie alle pareti dello spazio oltremodo esiguo sono illuminate da lampadine, mentre all'epoca i raggi del sole penetravano appena da una piccola finestra di ventilazione, circondata all'esterno dai fori dei proiettili tedeschi.

Una mostra permanente fornisce al pubblico informazioni dettagliate sull'attentato corredate da fotografie dell'epoca. Contro i ribelli furono usati gas lacrimogeni, mitragliatrici e granate; non riuscendo nel loro intento, i nazisti inondarono d'acqua la cripta. "Non ci arrenderemo mai, siamo cechi!" fu la loro risposta. Alla fine Jan Kubiš, Adolf Opálka e Josef Bublík vennero uccisi nella chiesa; Josef Gabčík, Josef Valčík, Jaroslav Švarc e Jan Hrubý invece si suicidarono nella cripta con gli ultimi proiettili rimasti.

I cechi hanno un rapporto ambivalente con questo atto eroico perché le conseguenze dell'attentato furono pesantissime: nel quadro della brutale rappresaglia messa in atto dai nazisti, i villaggi di Lidice e Ležáky furono rasi al suolo. Oggi la cripta viene visitata più dai turisti stranieri che dalla gente del posto.

Vale invece la pena conoscere questa importante pagina della Seconda guerra mondiale e ricordare il coraggio dei partigiani che oggi ha dell'incredibile.

Un luogo unico a Praga.

Indirizzo Monumento Nazionale degli eroi del regno del terrore di Heydrich, Resslova 9a (ingresso da Na Zderaze), 120 00 Praha 2; www.pamatnik-heydrichiady.cz | **Come arrivare** Karlovo náměstí (metro B) | **Orari** Marzo-ottobre mar-dom 9-17, novembre-febbraio mar-sab 9-17 | **Un suggerimento** La casa al n. 40-41 di Karlovo náměstí può passare inosservata, eppure secondo la leggenda proprio qui il dottor Faust vendette l'anima al diavolo, che lo portò all'inferno attraverso un buco nel soffitto: di qui il suo soprannome "casa di Faust". Nel Cinquecento apparteneva all'alchimista Edward Kelley. Durante la ristrutturazione, dopo la Seconda guerra mondiale, nelle fondamenta della casa furono rinvenuti sette scheletri di gatto.

83 Rikatádo

Take me home, country roads

Girovagare è una delle attività preferite dei cechi: la passione per la libertà li spinge a errare senza meta in mezzo alla natura. I primi gruppi di vagabondi, con nomi come *Ascalona*, o le canzoni romantiche cantate con il crepitio del fuoco come sottofondo esistono dal periodo tra le due guerre. Negli anni Ottanta, l'idealizzazione del selvaggio West si arricchì di una sfumatura ribelle, una forma di resistenza al regime.

Questo spiega, almeno in parte, perché vagabondare abbia raggiunto i suoi massimi storici proprio in quel periodo. Ogni venerdì i girovaghi assaltavano la stazione di Praga con i loro cappelli, gli zaini e le chitarre e passavano la serata a suonare canzoni country. Per gli appassionati di questo genere non c'è posto migliore di Palmovka, un club musicale più noto con il suo vecchio nome, Rikatádo.

Già all'ingresso si respira l'atmosfera del selvaggio West: sulla scala sono appese immagini di saloon e praterie, i muri sono rivestiti di legno chiaro e per andare al bagno si passa da una porta con le ante battenti. Al bar, saltate su una delle due selle e mandate giù il vostro whisky tutto d'un fiato: prima in questo locale i posti a sedere erano così, ma la clientela non è più la stessa e quasi tutte le selle sono state sostituite dai classici sgabelli.

Negli ultimi anni anche il club è molto cambiato: se alla metà degli anni Novanta, quando è stato aperto, ogni sera si suonava solo musica country e simili, oggi viene proposto anche rock, reggae e big beat, mentre al genere originario è riservata solo una sera a settimana. I gestori a volte riescono a portare in scena gruppi leggendari come i Fešáci, ma certo non riescono a fermare il tempo: i componenti di questo famoso gruppo country hanno circa 65 anni e lo stesso vale per i loro fan.

Ma i vagabondi sono tenaci quindi sicuramente ancora per qualche annetto li troverete qui ad ascoltare una volta a settimana la loro musica antiquata.

Indirizzo Pod Hájkem 1 (ingresso da via Na Žertvách), 180 00 Praha 8, www.hudebniklub.cz | Come arrivare Palmovka (metro B) poi lungo la Na Žertvách | Orari Dom-ven 11-2, sabato 16-2, il locale può chiudere anche più tardi in base allo stato d'animo dei presenti | Un suggerimento Sul lato opposto della via Na Žertvách all'altezza della stazione dei pullman trovate una sinagoga del 1858, che purtroppo è aperta solo durante le varie manifestazioni culturali e religiose. Questo edificio ricorda che Libeň è stato il secondo insediamento ebraico in ordine di grandezza nel territorio dell'odierna Praga.

84_ San Giovanni Nepomuceno

Una statua un po' triste

Oltre due secoli di storia dell'arte separano il tardo barocco dal cubismo, ma nella Spálená questi due stili così diversi stanno benissimo l'uno accanto all'altro. Qui la chiesa della Trinità forma un affascinante contrasto con la casa Diamant anche se purtroppo sono in pochi a notarlo, visto che il sito si trova da anni in cattive condizioni. Malgrado ciò, ci sono diversi motivi per visitarlo.

La statua del santo Jan Nepomucký (in italiano Giovanni Nepomuceno) fu eseguita all'inizio del Settecento insieme alla chiesa, alla cui costruzione prese parte tra gli altri Christoph Dientzenhofer. L'artefice della scultura è Michal Jan Josef Brokoff, appartenente alla celebre famiglia di artisti cechi. Nel corso del Novecento, la chiesa venne abbandonata a se stessa e finì per comparire in diversi film come tempio fatiscente. In seguito venne restaurata, ma nessuno prestò attenzione alle due statue laterali (quella di sinistra è la statua di Giuda Taddeo).

La casa cubista lì accanto fu costruita due secoli dopo. L'architetto Emil Králíček decise di collegare l'edificio con la struttura barocca collocando un piccolo tetto in stile cubista sopra la statua, che inizialmente suscitò qualche protesta, mentre oggi è riconosciuto come un tocco artistico. Dietro la statua del santo, Králíček creò un piccolo giardino con una fontana di mattoni sul muro della chiesa e un cancello con due colonne cubiste. Ci si può arrivare dal cul-de-sac Magdalény Rettigové, ma il fascino di un tempo è ormai sparito. Il giardino è stato lastricato e al posto di una delle due colonne c'è un orrendo ascensore della metropolitana, mentre davanti alla seconda si trova un cassonetto e la fontana si sta sgretolando. Anche la statua del santo è danneggiata: qualcuno ha rubato dei pezzi di metallo dal tetto e le cinque stelle che prima circondavano la testa della figura ora sono appese al suo collo. Una fine non certamente degna di un santo a cinque stelle!

Indirizzo Chiesa della Santissima Trinità: Spálená 6; casa Diamant: Lazarská 1, 110 00 Praha 1 | **Come arrivare** Národní třída (metro B), poi proseguire per Spálená | **Un suggerimento** Se date un'occhiata alla chiesa della Santissima Trinità, vi renderete conto di quanto la Chiesa greco-cattolica slovacca si adoperi per adeguare gli edifici religiosi alle esigenze delle famiglie: qui, durante la messa, i più piccoli possono giocare in una casetta fatta apposta per loro.

85 Sant'Adalberto

Un secolo di provvisorietà

Non trascurate questa chiesa vicino alla Zenklova, una delle strade principali di Libeň. L'edificio con le pareti bianche e la scura torre di legno, simile a un elmetto chiodato, sembra voler ingoiare la gente e starebbe meglio in un film fantasy piuttosto che in una città moderna. Un tocco bizzarro è impresso anche nella sua storia: la chiesa infatti non doveva esserci più da tempo.

Alla fine dell'Ottocento il quartiere ha assistito a un'esplosione demografica tale che la piccola cappella del castello non riusciva più a contenere i fedeli di Libeň, i quali nel 1904 affittarono un terreno a Thomayerovy sady e cominciarono a raccogliere il denaro necessario per costruire una grande chiesa.

I lavori dovevano iniziare nel giro di dieci anni. Venne in aiuto l'associazione cattolica Bonifác, che finanziò al volo la costruzione di una chiesa più piccola per il periodo di transizione: Sant'Adalberto fu inaugurata nel 1905.

Per questa soluzione transitoria l'architetto Emil Králíček scelse il legno come materiale principale. Guardate verso il soffitto, noterete un complesso sistema di travi perimetrali decorate con fogliame, così come la parete di legno tra la navata centrale e la sacrestia, che crea un effetto quasi folcloristico. Interessanti sono anche le finestre sulla volta, inserite in parte nelle mura di legno e in parte in quelle in muratura.

È grazie alla scarsità delle finanze se ancora oggi possiamo ammirare questa chiesa: per molto tempo non è stato possibile raccogliere denaro sufficiente a costruirne una più grande. Poi mancò l'approvazione del nuovo progetto da parte del Comune, fin quando si risolse tutto in un nulla di fatto.

Da allora questo santuario in stile liberty è rimasto qui ed è forse l'unica struttura provvisoria del paese che sia finita sotto tutela come bene artistico. Per quanto riguarda la capienza, ora che sempre meno persone vanno in chiesa, l'offerta supera senz'altro la domanda.

Indirizzo Kostel sv. Vojtěcha, U Meteoru 599, 180 00 Praha 8 | **Come arrivare** Palmovka (metro B), poi Stejskalova (tram 3, 10, 24) oppure a piedi | **Orari** Santa Messa: gio, sab ore 17, dom 10 e 14:30 | **Un suggerimento** Proprio vicino la chiesa sempre a Libeň c'è un altro gioiello liberty di Emil Králíček, il famoso edificio Sokol, con una palestra. Provate a darci un'occhiata e vedrete un'imponente scalinata di marmo con lampade di ottone e un corrimano a forme geometriche, davvero insoliti per una palestra.

86_La sauna sulla Moldava

Riscaldarsi guardando i cigni

Siete amanti della sauna? Allora dovete assolutamente provare quella sulla Moldava! Già da qualche inverno sul ponte della nave *(A)void*, ancorata davanti a Výtoň, c'è una cabina di legno in cui è possibile accomodarsi a pochi metri dal fiume ed essere avvolti dal vapore.

Mentre il sudore vi imperla la schiena (la temperatura raggiunge i novanta gradi), potrete osservare attraverso la parete di vetro della nave i gitanti sul fiume, i treni che passano sul vicino ponte ferroviario e il maestoso panorama del Castello di Praga. Ma la cosa più bella sono i cigni! A volte arrivano in grandi stormi e ricoprono l'acqua di eleganti macchie bianche, fin dove arriva lo sguardo.

Potrete anche rinfrescarvi: c'è una scala che porta direttamente dentro la corrente gelata e che costituisce una delle maggiori attrazioni della sauna. Per chi non è interessato alla fredda Moldava, è pronto un barile di acqua corrente. Nessun timore: tutto è ben nascosto agli sguardi di chi passeggia lungo il vicino argine di Rašín.

Anche lungo i fiumi di altre città è possibile trovare impianti simili. Quello che differenzia questa sauna dalle altre sono le dimensioni ridotte (quindici persone al massimo), l'atmosfera vivace e anche una certa sensazione di clandestinità. Ma non sorprendetevi: la sauna è stata installata per la prima volta nel 2009 da due giovani architetti dello Studio H3T, che cercavano da tempo un posto a Praga dove riscaldarsi per bene.

Avevano già tentato di dare vita alla loro passione con una serie di progetti come una sauna mobile, posizionata sulla piazza del teatro Nová scéna, presso il Teatro Nazionale, oppure un cassone per il bagno a vapore da attaccare alla bicicletta. Con la sauna sulla nave i due architetti hanno compreso che tanta gente ama riscaldarsi in posti originali.

Peccato soltanto che l'installazione sulla *(A)void* debba essere rimossa ogni primavera per far posto ad attività più chiassose e redditizie.

Indirizzo Ponte della nave *(A)void*, Rašínovo nábřeží, 120 00 Praha 2 | **Come arrivare** Výtoň, la nave è ancorata a pochi passi dalla fermata | **Orari** Tutti i giorni 18-23 da ottobre a aprile in base al clima; è consigliata la prenotazione: www.laznenalodi.cz | **Un suggerimento** Tornando a casa date un'occhiata al bar che trovate sulla (A)void. A volte ci sono concerti, letture e altre manifestazioni culturali.

87 Lo scalo merci

Da Žižkov verso l'ignoto

L'area su cui sorge lo scalo merci di Žižkov è da molti anni oggetto di un'aspra contesa. Da una parte ci sono i promotori di progetti edili per cui il grande terreno inutilizzato potrebbe rivelarsi un investimento lucroso; dall'altra, gli architetti e le associazioni che vorrebbero trasformare il più grande edificio funzionalista conservato in città in un centro culturale e didattico.

A un certo punto sembrò che i primi stessero per prevalere. Le ferrovie ceche, cui l'area apparteneva in origine, ne avevano già venduta una parte agli investitori che iniziarono a progettare un complesso residenziale e di uffici. Nel 2013 tuttavia lo scalo è stato dichiarato monumento culturale, incrementando così le possibilità di salvataggio del sito.

Nel 2016 inoltre il governo ha deciso di trasferire negli edifici amministrativi della stazione la sede dell'Archivio cinematografico nazionale che gestisce già un piccolo caffè, un cinema all'aperto e altri eventi culturali. Alcuni spazi vengono dati in affitto alle aziende, quindi lo scalo è accessibile al pubblico.

Se amate il romanticismo dei vecchi complessi industriali questo è il posto che fa per voi. La struttura in cemento armato, entrata in funzione nel 1936, era principalmente meta di treni merci che trasportavano prodotti alimentari. Le rotaie, con una serie di torri monumentali in ferro, si trovano infatti tra due edifici adibiti allo stoccaggio delle merci. Vale la pena visitare anche la cantina con gli alti soffitti e le colonne funzionaliste.

In fondo ai binari si trova l'edificio amministrativo, dalla cui terrazza si ha una buona vista dell'intera area. Fino alla fine del secolo scorso, il viavai di camion che venivano a prelevare le merci era continuo, poi l'attività è gradualmente cessata. Tuttavia, il dibattito tra i promotori edili, il comune e gli affittuari continua...

E il futuro della maestosa struttura funzionalista rimane ancora incerto.

Indirizzo Jana Želivského 2, 130 00 Praha 3; nadrazi.nfa.cz | **Come arrivare** Nákladové nádraží Žižkov (tram 9, 10, 11, 16, 26) | **Orari** Dipendono dal calendario delle manifestazioni, controllare sulla homepage | **Un suggerimento** Nei pressi della stazione della metro di Želivského date un'occhiata all'hotel Don Giovanni (Vinohradská 157a), un edificio che cittadini ed esperti di architettura sono concordi nel definire uno dei più brutti di Praga, soprannominato la "torta rosa".

88 Scherzi da ragazzacci

Una prospettiva diversa

Non sempre è necessario raggiungere la periferia della città o cercare angoli sperduti in centro per scoprire qualcosa di nuovo: anche i luoghi più famosi a volte possono riservare sorprese inaspettate. Basta guardare le cose da una prospettiva diversa. Può essere sufficiente spostarsi di due passi per veder cambiare il regale aspetto di una scultura, ad esempio. Provateci e, per favore, siate indulgenti e controllate le vostre reazioni…

Sul lato del ponte Carlo dalla parte della Città Vecchia trovate la famosa statua di Carlo IV: il sovrano tiene nella mano destra la Bolla d'oro, l'editto fondamentale del Sacro Romano Impero e la legge più importante tra quelle da lui emanate. Questa è la prospettiva più comune. Adesso provate a spostarvi all'angolo tra Křižovnická ulice e Křižovnické náměstí, con la chiesa di San Francesco sulla destra, e osservate di nuovo la statua.

Vi accorgerete che è proprio la presenza dello storico documento a far sembrare che il famoso sovrano stia espletando una delle più banali funzioni corporali umane, la stessa del celebre *Manneken Pis* a Bruxelles. Se per i cechi Carlo IV era il "padre della patria", anche Tomáš Garrigue Masaryk, il primo presidente della Cecoslovacchia negli anni 1918-1935, si guadagnò un soprannome da patriarca: il popolo lo aveva battezzato "papà Masaryk" e spesso, nella Repubblica Ceca, viene chiamato anche semplicemente TGM. La sua statua a Hradschin la conoscete già. Ma quando gli artisti hanno rappresentato il filosofo e presidente come se stesse discutendo di affari di Stato, non potevano immaginare che la mano destra di Masaryk vista da una certa angolazione sarebbe sembrata la chela di un granchio. Provate a mettervi con le spalle al palazzo arcivescovile: la visuale "giusta" si ha da davanti, tra l'ingresso a sinistra del palazzo e il portone chiuso, sempre a sinistra, nell'area del castello. In questo caso però dovrete fare uso di tutta la vostra immaginazione.

Indirizzo Carlo IV: Křižovnické náměstí, 110 00 Praha 1; T.G. Masaryk: Hradčanské náměstí, 118 00 Praha 1 | **Come arrivare** Carlo IV: Karlovy lázně (tram 17, 18); T.G. Masaryk: Pohořelec (tram 22) | **Un suggerimento** C'è una copia della statua di Masaryk anche a Città del Messico, sulla principale via commerciale che porta il nome del presidente ceco: Avenida Presidente Tomás Garrigue Masaryk.

89_Semmering di Praga

Un itinerario romantico

Quando nel 2010 iniziarono i lavori di ammodernamento dei binari del tram a Plzeňská ulice, l'azienda dei trasporti di Praga propose di deviare le corse su un percorso fino ad allora poco utilizzato. I primi giorni i passeggeri correvano da un finestrino all'altro per ammirare il paesaggio straordinario e non c'è da meravigliarsene, perché il "Semmering di Praga" è tra le linee ferroviarie più affascinanti, e non solo di Praga.

Il modo migliore per conoscerla è fare un giro completo durante il fine settimana con un treno storico degli anni Cinquanta, il "vláček motoráček". Il suo percorso mozzafiato inizia alla stazione centrale e vi conduce attraverso paesaggi molto diversi tra di loro: vi aspettano una galleria lunga oltre un chilometro, un passaggio sul ponte Nusle, la vista del Castello di Praga e di Vyšehrad dal ponte ferroviario sulla Moldava, due viadotti che si inarcano sulle bellezze naturali della valle di Prokop e sulle rocce maestose.

Davanti a voi scorreranno il quartiere delle ville, i palazzi di vetro degli uffici e vaste zone boscose che vi faranno presto dimenticare di essere in una grande città. Il viaggio termina alla stazione di Praha-Zličín. Da lì potrete decidere se tornare indietro nello stesso modo in cui siete arrivati – in questo caso basterà rimanere seduti sul treno – oppure prendere il tram dalla vicina fermata che vi riporterà in centro.

Il Semmering di Praga deve il suo nome alla ferrovia austriaca del Semmering, madre di tutti i tratti ferroviari difficili da realizzare. Pazienza se durante il fine settimana non riuscirete a fare questo percorso, che supera un dislivello di 93 metri. Nei giorni feriali potrete comunque prendere il treno S 65 che parte più o meno ogni ora. Solo dovrete rinunciare a passare sopra la Moldava perché questo treno inizia e finisce la sua corsa a Smíchov.

E non sarà possibile aprire i finestrini con una manovella dal fascino di altri tempi.

Indirizzo Praha hlavní nádraží, Wilsonova 300/8, 110 00 Praha 1 | **Come arrivare** Hlavní nádraží (metro C) | **Orari** Vedi tabella su www.kzc.cz/vlak/prazsky-motoracek, a destra selezionare "Jízdní řád"; per il viaggio andata e ritorno è sufficiente un normale biglietto da novanta minuti dell'azienda dei trasporti pubblici di Praga | **Un suggerimento** Potrete ammirare la valle rocciosa di Prokop anche durante un tragitto di quindici minuti sulla linea ferroviaria S6 che va Smíchovské nádraží a Praha-Řeporyje.

90_Smíchov

Testimoni dei tempi andati

Case di campagna con annessi agricoli, circondate da campi e frutteti: le hanno costruite i cittadini benestanti nei pressi delle mura urbane, là dove il territorio è stato per secoli a vocazione agricola. Alcuni di questi poderi ci riportano in modo singolare al passato, altri sono una testimonianza dell'ignoranza che si contrappone all'eredità lasciata dalla storia. Passeggiando per Smíchov scoprirete entrambi gli aspetti, vi basteranno una cartina e un buon paio di scarpe.

Il podere Cibulka vi accoglierà con finestre murate e un tetto riparato alla buona, con la plastica. Appesa al maestoso cancello, l'insegna di un'impresa di vigilanza intimorisce gli eventuali visitatori: forse per impedire il ritorno dei proprietari, che almeno in parte hanno avuto cura dell'immobile. Proseguendo si passa davanti al Padiglione cinese sulla Plzeňská e si gira a destra in via Zahradníčkova, poi in diagonale a sinistra fino a raggiungere il sentiero sulla collina che porta al podere Kotlářka. Qui vi attende uno spettacolo più allegro: dopo molti anni di dispotismo comunista l'immobile è stato completamente risistemato dagli eredi che gestiscono una pensione e un ristorante con un rapporto qualità-prezzo sensazionale.

Proseguite scendendo lungo la strada principale e poi prendete la via U Kotlářky, in fondo arrampicatevi nel bosco e andate a sinistra attraverso il prato, infine a destra dopo il campo sportivo. A destra, in mezzo ai cespugli, c'è Skalka, un podere in rovina. Se qualcuno si facesse ancora delle illusioni, sappia che qui i proprietari stanno chiaramente aspettando che gli edifici sotto tutela crollino per poter costruire al loro posto delle abitazioni ben più redditizie.

Per risollevarvi l'animo potrete ammirate il restauro ben fatto di quel che resta del podere Klikovka nella via omonima, oppure recarvi a Na Hřebenkách, dove c'è un parco poco conosciuto presso Dolní Palata, una fattoria che nel 1893 è stata trasformata in un istituto per ciechi.

Indirizzo Partenza da Cibulka 118, 150 00 Praha 5, ulteriori informazioni sui poderi di Smíchov sono disponibili su smichov.blog.cz (solo in lingua ceca) | Come arrivare Anděl (metro B), poi Kavalírka (tram 9, 10, 15, 16, 21), e U lesíka (bus 123), infine attraverso il parco a sinistra oltre il belvedere | Un suggerimento Uno stile architettonico più recente lo potrete osservare a Švédská, dove ci sono splendide ville degli anni Trenta del secolo scorso. Poi superate Holečkova ulice ed entrate nel parco Sacré Coeur con il belvedere sulla città. Superato il ponte entrate nel centro commerciale, attraversandolo raggiungerete la fermata di Anděl.

91_Sputnik

La "raspa dei pantaloni"

Oggi le attrezzature sportive create nel 1960 dall'artista Zdeněk Něměček e ispirate al satellite sovietico Sputnik suscitano un senso di malinconia. Nel parco Stromovka c'è una scala su cui migliaia di bambini si sono arrampicati fino a una enorme palla per poi scivolare giù. Quando lo scivolo si è consumato ed è rimasto solo il cemento a logorare i loro calzoni gli è stato dato il nome di "raspa dei pantaloni".

Questa scultura di cinque tonnellate, all'estero è considerata un'opera d'arte nello "stile di Bruxelles", le foto a grandezza naturale sono esposte anche al MoMA, ma in patria lo Sputnik è stato dimenticato. Quando ha iniziato a rompersi, il comune ha chiuso l'ingresso con un'inferriata. Questo non ha impedito a un ragazzo di infilare la testa tra le sbarre: per liberare il giovane avventuriero sono dovuti intervenire i vigili del fuoco. Dopo era stato deciso che la struttura venisse rimossa, ma lo Sputnik fu salvato all'ultimo momento da Rudolf Břínek. Il collezionista d'arte lo fece collocare nel suo giardino a Dejvice, dove potrete ammirarlo da dietro il recinto, come nuovo.

Il suo trasferimento è stato un bene, ora è in ottima compagnia. Nel 1932 qui infatti ha trovato dimora il quartiere funzionalista Baba, con ville progettate su misura per l'alta società da rinomati architetti, tra cui Josef Gočár e i suoi allievi. Anche se successivamente alcune case sono state restaurate in modo approssimativo, Baba resta comunque uno dei siti europei in cui il funzionalismo è meglio conservato.

Nelle vie Na Ostrohu, Průhledová, Na Babě e Nad Pat'ankou ci sono trentatré ville, uniche nel loro genere, con terrazze e tetti bassi. Sono posizionate a scacchiera per evitare che si ostruiscano a vicenda la vista di Praga. Per ironia della sorte, Baba è ammirata quasi solo da studenti di architettura: come per lo Sputnik, anche questo quartiere così speciale è stato quasi dimenticato dai cechi.

Indirizzo Na Babě 1779/9, 160 00 Praha 6 | **Come arrivare** Hradčanská (metro A) poi U Matěje (bus 131) | **Un suggerimento** In fondo alla via Nad Pat'ankou andate a destra attraverso il prato fino ai resti del piccolo castello di Baba e guardate verso la riva opposta della Moldava, meglio se con un cannocchiale. Con un po' di fortuna, sarete sorpresi alla vista di qualcosa di insolito nella Repubblica Ceca: le giraffe, le antilopi e gli struzzi dello zoo di Praga.

92_Lo stadio di Strahov

Un mostro di cemento

Siate sinceri: anche voi siete un po' megalomani. No? Sul serio? Peccato, quindi lo stadio di Strahov non fa proprio per voi.

Si tratta infatti del più grande stadio del mondo. Con una superficie di 202 metri per 310, pari a nove campi da calcio, e una capienza di 220.000 spettatori fa sembrare piccino anche il Camp Nou di Barcellona, che ne contiene "solo" 100.000.

Se vi piace immaginare tanti atleti, che fanno la stessa cosa nello stesso momento, allora siete proprio nel posto giusto. Esercizi con il cerchio, lancio della palla o piegamenti sulle ginocchia: così passavano il tempo qui i circoli patriottici di ginnasti Sokol. Più tardi i comunisti portarono la ginnastica di massa alla perfezione, ma anche all'assurdo: durante le cosiddette "Spartachiadi" le vacanze scolastiche estive cominciavano prima, affinché la città potesse organizzarsi per fronteggiare le valanghe di ginnasti provenienti da tutto il paese. Nel 1985 durante l'ultima Spartachiade qui si esibirono circa 190.000 ginnasti davanti a 1,2 milioni di spettatori e questi non sono neanche numeri record.

Nel 1989 scemò la popolarità delle sudate di massa e nello stadio si tennero solo concerti affollatissimi. Memorabile, nel 1990, il primo concerto a Praga dei Rolling Stones: in apertura intervenne il presidente Václav Havel che parlò a 100.000 spettatori.

Oggi la struttura viene principalmente utilizzata per gli allenamenti dello Sparta Praga. All'interno dello stadio ci sono una piscina, una caffetteria vietnamita e un'autofficina, ma le tribune sono per lo più in rovina. In fondo non sarebbe una gran perdita perché dal punto di vista architettonico solo le parti in muratura degli anni Trenta hanno un valore.

Contro la demolizione si è però pronunciato l'ente per la tutela dei monumenti e così potrete ammirare ancora per molto le imponenti colonne delle tribune orientali in cemento armato. Se foste almeno un pochino megalomani…

Indirizzo Vaníčkova, Atletická e Zátopkova ulice, 160 17 Praha 6 | **Come arrivare** Con la funicolare di Petřín, poi oltre l'osservatorio e l'ostello degli studenti oppure con il bus 143 da Dejvická o con il 176 da Karlovo náměstí | **Orari** La maggior parte delle aree è chiusa al pubblico | **Un suggerimento** A ricordarci la passata gloria della ginnastica di massa ci sono ancora due piccole stazioni del tram: le banchine e i cavalcavia semidistrutti e coperti di erbacce si trovano sotto la collina di Strahov, all'inizio della Bělohorská davanti all'hotel Pyramida.

93_La stazione naturalistica

Un minizoo gratuito al centro della città

Avete fatto il vostro bravo shopping nel centro commerciale Novy Smíchov di Anděl e avete bisogno di un po' di sano relax? Nessun problema. Raggiungete il primo piano del centro commerciale, dirigetevi verso la toilette e uscite dalla porta a vetri. Una passerella vi condurrà nel parco del Sacré Coeur. Girando a destra, arriverete a un cancello verde, dove probabilmente troverete ad aspettarvi due piccoli canguri che vi scruteranno con curiosità. La stazione di Smíchov è soprattutto un centro didattico-scientifico dedicato ai bambini, ma è anche un piccolo zoo al centro della città.

Nel rigoglioso giardino gremito di alberi vivono oltre cento specie di animali. È piacevole passeggiare tra le voliere e i recinti, accanto a canguri, pony, lama, capre, struzzi e pappagalli; il giardino delle erbe odorose poi è una straordinaria sinfonia di profumi. Vale la pena dare uno sguardo anche alla strana casetta dagli scaffali pieni di erbe, ramoscelli e... blocchi di calcestruzzo: è l'"albergo degli insetti" che nella stagione invernale accoglie varie specie di questi animali.

La stazione naturalistica ospita anche coccodrilli e altri rettili, scimmie e piante esotiche. Li potete trovare nel terrario tropicale e nella serra, accessibile in determinati giorni per poche corone. Il centro vende inoltre piante e piccoli animali oltre a organizzare corsi di giardinaggio.

Qui i bambini si intrattengono volentieri per ore, mentre gli adulti fanno il pieno di energia verde. In ogni modo, prima di mettervi in cammino, per sicurezza controllate la mappa. Oltre a quello sopra descritto ci sono altri due accessi: una stradina tra il muro di cinta del policlinico e il centro sportivo sulla Drtinova, e il cancello blu accanto al n. 29 della Holečkova. A differenza dello zoo di Praga, i cui manifesti pubblicitari si trovano in ogni angolo della città, la stazione naturalistica è un'oasi di pace nascosta, che vale la pena scoprire.

Indirizzo Stanice přírodovědců DDM hl. M. Prahy, Drtinova 1a, 150 00 Praha 5; www.ddmpraha.cz/stanice-prirodovedcu | **Come arrivare** Anděl (metro B); Arbesovo náměstí (tram 9, 12, 15, 20); Kobrova (autobus 176, ingresso sulla Holečkova 29) | **Orari** Giardino: lun-ven 9-19, sab-dom 10-16 (da novembre a marzo chiuso nel fine settimana); terrario e serra: mar 14-18, mer 9-12 e 14-16, gio 14-16 | **Un suggerimento** Più su sulla Holečkova si trova un edificio neoromanico che un tempo ospitava un convento di suore. Nella chiesa di San Gabriele, celebre esempio di arte di Beuron, ancora oggi si celebra la messa; l'edificio con le torri a sinistra è sede della Posta.

94_Stínadla

I misteriosi Vont

Campanili, cortili bui e vicoletti tortuosi, in cui all'imbrunire i lampioni a gas gettano ombre affilate: questo è il quartiere Stínadla a Praga, regno di una gang giovanile avvolta nel mistero, i Vont. È da qui che notte dopo notte le cinque "frecce veloci" partono per vivere nuove avventure.

Intere generazioni di giovani cechi sono cresciute con questi cinque ragazzi, divorando i libri dello scrittore cult Jaroslav Foglar. L'autore non ha mai svelato dove si trovi il quartiere immaginario, ma probabilmente si è ispirato alla zona intorno al convento di Sant'Agnese e alla chiesa di San Castulo, un'area da sempre chiamata Na Františku.

In passato questo era un quartiere povero di periferia, con case basse e buie, osterie e bordelli e ancora oggi la zona compresa tra le vie Řásnovka, U Milosrdných e Kozí conserva un'atmosfera particolare. Negli stretti vicoli si incontrano poche persone e tra le facciate delle case ridipinte di nuovo trapela qua e là una parete di mattoni o un portone di legno, proprio come nei romanzi di Foglar.

Nel 2007 un vicoletto da queste parti è stato perfino chiamato ufficialmente Ve Stínadlech, anche se la targa rossa di questa strada sparisce spesso nelle tasche di qualche inguaribile fan dello scrittore. In realtà più che di un piccolo vicolo si tratta di uno stretto passaggio tra le mura della parrocchia e una recinzione. Qui al tramonto tutto diventa tetro e sulla finestra murata alla fine del vicolo brilla il disegno di uno spillo giallo, il segno di riconoscimento dei Vont. A volte qualcuno disegna sui muri un "porcospino in gabbia", il famoso rompicapo meccanico che dai libri di Foglar è arrivato fino ai negozi di souvenir.

Se troverete dei foglietti con messaggi incomprensibili attaccati ai muri, non vi meravigliate: i Vont stanno organizzando il loro prossimo incontro. Quello di Foglar sarà anche un mondo immaginario, ma a Stínadla il mito delle "frecce veloci" vive ancora.

Indirizzo Ve Stínadlech, 110 00 Praha 1 | **Come arrivare** Dlouhá (tram 6, 8, 15, 26) poi lungo le vie Dlouhá e Rybná verso Haštalské náměstí | **Un suggerimento** Se avete voglia di mangiare in un fast food eccellente, il miglior *fish and chips* di Praga lo trovate nel pub Fish & Chips 21 Dlouha St., in via Dlouhá 21.

95_Lo strudel

Dal condominio una storia profumata

Dalle stelle alle stalle, o meglio in cantina: così si può descrivere il percorso professionale del signor Šusta. Un attimo però: non stiamo raccontando di un declino professionale, al contrario si tratta di una storia di successo, profumata di cannella e mele grattugiate.

Petr Šusta lavorava alla torre televisiva Žižkov, ma poiché dopo la Rivoluzione di velluto il denaro non bastava più, nel 1993 ha allestito nello spazio condominiale riservato ai passeggini una panetteria dove sfornava strudel secondo la tradizione boema. Invece della solita pasta sfoglia utilizzava una sfoglia sottilissima e riempita amorevolmente con deliziose mele fresche, formaggio morbido magro, semi di papavero o prugne.

Da oltre vent'anni il suo strudel è rinomato non solo tra i buongustai di Praga, ma anche all'estero, grazie al notiziario della CNN: assurdo, perché questo negozio spesso non lo conoscono nemmeno i residenti. L'entrata è ben nascosta tra gli ingressi delle case, la si nota solo per un'insegna con la lapidaria scritta ŠTRÚDL.

Del resto il condominio è il risultato del cosiddetto risanamento del quartiere di Žižkov: negli anni Ottanta gli urbanisti del regime volevano abbattere gran parte di questa zona pittoresca per sostituirla con condomini prefabbricati in cemento. Fortunatamente venne completata solo la prima fase del progetto, poi la popolazione si oppose e un gruppo di architetti calcolò addirittura che sarebbe stato meno costoso ricostruire le vecchie case.

La risposta dei progettisti fu: un rimodernamento di queste proporzioni non è attuabile in una società comunista, poiché non ci sarebbero abbastanza operai disponibili. Se le piccole aziende fossero state nazionalizzate come lo sono state le grandi imprese... ora sarebbero una merce rara.

Paradossalmente, una piccola impresa di successo è sorta in un edificio costruito da un regime che si opponeva all'esistenza delle piccole attività private.

Indirizzo Jeseniova 909/29, 130 00 Praha 3, www.strudl-zizkov.cz | **Come arrivare** Flora (metro A) poi Rokycanova (bus 136, 175) infine cinque minuti a piedi | **Orari** Lun-ven 8-12 e 13-17 | **Un suggerimento** Oltre a rallentare i lavori di abbattimento, gli oppositori riuscirono anche in un colpo di mano, salvando una vecchia scuola in stile neorinascimentale che oggi troneggia tra i condomini di cemento della vicina Komenského náměstí.

96 Lo studio di Josef Sudek

Una finestra sul mondo

Lo studio di Josef Sudek sarà una scoperta davvero interessante anche per chi non ha mai sentito parlare del grande fotografo ceco, nato a Kolín nel 1896 e morto a Praga, la sua città d'adozione, nel 1976. È situato in uno degli affascinanti cortili interni di Malá Strana (in italiano "piccolo quartiere"), di norma inaccessibili ai turisti; qui invece, basta suonare il campanello d'ingresso ai civici 28/30/32 di Na Újezdě e qualcuno vi aprirà di certo. Superato il passaggio che conduce alla piccola corte dalla quale si accede direttamente alle varie abitazioni, troverete un cortile privato. Proseguite: oltre un cancello di metallo e un secondo passaggio si apre un altro cortile, più ampio e luminoso.

Questo luogo, silenzioso anche se collocato in pieno centro, ospita una tra le gallerie più originali della città, dove espongono artisti poco noti ma non per questo meno interessanti. Basta seguire l'indicazione "Fotograf v zahradě" ("Fotografo in giardino") per raggiungere la casetta di legno in cui il maestro – rimasto senza il braccio destro dopo la Prima guerra mondiale – estraeva dal bagno di fissaggio le sue fotografie.

In quelle immagini straordinarie Sudek ha catturato il *genius loci* di luoghi come la cattedrale di San Vito, i sobborghi di Praga, i fantastici giardini di Střešovice o i boschi di Beskydy. Avrete il privilegio di guardare attraverso la finestra tante volte ritratta dal fotografo nel corso degli anni: quel vetro era per lui una sorta di tela su cui fissare il paesaggio esterno e quello interiore – un mondo di volta in volta carico di nebbia, di ghiaccio o di pioggia.

L'edificio non è la costruzione autentica, distrutta da un incendio nel 1985. Tra le poche suppellettili rimaste, soltanto alcuni mobili originali e un vecchio forno: non un museo dunque, anche se ogni anno la galleria dedica una mostra al grande fotografo. Come se anche per il suo studio fosse valida la massima di Sudek: "La fotografia non deve mostrare le cose, ma lasciarle intuire".

Indirizzo Újezd 30, 118 00 Praha 1; www.atelierjosefasudka.cz | **Come arrivare** Újezd (tram 12, 15, 20, 22) poi circa 100 metri a piedi; se venite dal Teatro Nazionale: Újezd (tram 9) all'angolo con Vítězná | **Orari** Mar-dom, 12-18 | **Un suggerimento** Nell'abitazione del fotografo, a Úvoz 24, si trova una galleria d'arte che espone le opere di Sudek insieme a quelle di artisti vari.

97 La terrazza di U Prince

Il panorama dei panorami

Ogni volta che il famoso orologio astronomico del municipio sta per scoccare l'ora, la piazza della Città Vecchia si riempie di turisti fino all'orlo. Se odiate fare a spintoni e per una volta volete osservare la magnifica piazza da una prospettiva diversa, c'è una soluzione perfetta per voi: la terrazza dell'albergo U Prince, di fronte al municipio, una delle quindici più belle al mondo tra quelle collocate sul tetto di un hotel secondo la valutazione degli utenti del sito internet Trivago.

L'ascensore a vetri in fondo all'ingresso vi porterà al quarto piano e salendo potrete vedere i lussuosi allestimenti della casa del XII secolo che oggi è diventata un albergo a cinque stelle. La facciata di quella che in origine era la casa borghese chiamata "All'angelo d'oro" (o anche nero) è stata ristrutturata in stile barocco nel Settecento, ma l'edificio conserva al suo interno i portali gotici in pietra e il pozzo, situati nell'odierno bar sotterraneo.

Una volta usciti dall'ascensore, salite ancora un paio di scalini e sarete arrivati al ristorante all'aperto, uno dei migliori e più economici di Praga, che offre una vista fantastica da un lato sul municipio della Città Vecchia e la chiesa di Santa Maria di Týn, dall'altro sul Castello e la torre panoramica di Petřín. La veduta dei tetti di Staré Město (la Città Vecchia, appunto) con le torri e le chiese è di per sé straordinaria, per questo la terrazza è così popolare tra i registi, sia cechi che stranieri.

Il ristorante è aperto tutto l'anno e ha novanta posti a sedere. In inverno o con il brutto tempo viene quasi tutto chiuso con una copertura in vetro e gli ospiti sono tenuti al caldo da coperte e lampade riscaldanti.

L'ideale però è venirci d'estate e sedersi in terrazza a godere il panorama bevendo un cocktail ghiacciato. Il vostro portafoglio non ne uscirà troppo provato e porterete con voi delle foto mozzafiato, perfette per il vostro album.

Indirizzo Staroměstské náměstí 29, 110 00 Praha 1, www.terasauprince.com | **Come arrivare** Můstek (metro A, B) poi proseguire lungo Na Můstku e Melantrichova fino a Staroměstské náměstí | **Orari** Tutti i giorni 11-23:30, dopo le 15 è consigliata la prenotazione | **Un suggerimento** Non lontano dalla piazza della Città Vecchia e ben nascosta ai turisti c'è la Týnská literární kavárna (Týnská 6). Questo caffè letterario è molto in voga tra studenti, artisti e scrittori; d'estate, il cortile è probabilmente il posto più gradevole in cui passare del tempo nel centro di Praga.

98_Terrazze di Barrandov

Il sonno incantato del funzionalismo

Nessun autore vorrebbe che i propri lavori cadessero nell'oblio, ma nel caso delle Terrazze di Barrandov non ci si potrebbe augurare di meglio. Quello che oggi è il paradiso degli esploratori urbani, sempre alla ricerca di costruzioni in rovina o inaccessibili, nel periodo tra le due guerre era uno dei luoghi prediletti dai cittadini praghesi che venivano qui con il bel tempo. Al ristorante francese si poteva pranzare godendosi una vista impareggiabile della città e a volte incontrare qualche stella del cinema, proveniente dai vicini studi di produzione, che veniva a fare due passi.

Il complesso fu fatto edificare nel 1926 sugli scogli della Moldava da Václav M. Havel, padre del futuro presidente. Centro della costruzione era il ristorante in stile funzionalista, con una svettante torre panoramica: d'estate proiettava la sua ombra sui tavolini con gli ombrelloni che riempivano tutti i piani dell'edificio. C'era anche una piscina, situata più in basso lungo il fiume, oggi in pessime condizioni come tutto il resto.

Il declino iniziò nel 1948, con la nazionalizzazione delle Terrazze. Prive di manutenzione, andarono in rovina e nel 1989, quando furono restituite alla famiglia Havel, erano in condizioni pietose. L'allora presidente Václav Havel, rammaricato dalla sorte subita dalla struttura, cercò un investitore per risanarla, ma la rumorosità delle strade adiacenti scoraggiò i potenziali compratori, nessuno dei quali trovava redditizio ristrutturare i locali commerciali. Così nel 2003 gli Havel vendettero tutto.

Il nuovo proprietario aveva in progetto di restaurare l'area protetta per trasformarla in un albergo, ma per molto tempo il sito, rifugio di alcuni senzatetto, è rimasto invaso dalle erbacce, finché nella primavera del 2016 sono iniziati i primi lavori.

Forse col tempo le Terrazze torneranno come in origine, fino ad allora perché non mettersi nei panni di un esploratore e riscoprire questo patrimonio?

Indirizzo Barrandovská 165/1, 152 00 Praha 1 | **Come arrivare** Smíchovské nádraží (metro B); Terasy (autobus 105) di fronte alla fermata sulla Barrandovská, dopo un paio di metri prendere il sentiero a sinistra tra i cespugli | **Orari** Ufficialmente chiuse; se decidete di entrare sarà a vostro rischio e pericolo | **Un suggerimento** Attraversando a piedi quello che una volta era un famoso quartiere signorile si raggiunge Kříženeckého náměstí, con l'edificio principale degli studi cinematografici. Durante i fine settimana potrete assistere alla mostra "Filmpoint", dove vengono proiettati classici del cinema come *Tre nocciole per Cenerentola* e *Amadeus*.

99_La tomba di Westonia

La decima musa caduta nell'oblio

Tutti i cechi conoscono Edward Kelley, il famoso alchimista della corte rudolfina, ma quasi nessuno ricorda la sua figliastra Elisabeth Johanna von Weston, detta Westonia, all'epoca molto più celebre di lui. Elisabeth è stata la prima poetessa dell'odierna Repubblica Ceca ed era nota nei circoli intellettuali di tutta Europa.

Anche se probabilmente era nata in Inghilterra e scriveva in latino, trascorse la maggior parte della sua breve vita – appena trentuno anni – in Boemia. Poco dopo la sua nascita nel 1581 sua madre sposò Edward Kelley e viaggiò con lui attraverso l'Europa centrale in cerca di fortuna.

Nella Praga di Rodolfo II, Kelley ebbe grande successo e conquistò onori, riconoscimenti e importanti proprietà, ma perse gradualmente il favore della corte e alla fine fu rinchiuso in prigione dopo essersi battuto a duello con un funzionario dell'imperatore.

Kelley andò in rovina ma la giovane Westonia, che grazie a lui era in possesso di un'ottima istruzione e di un talento per la scrittura, indirizzò lettere di supplica a influenti uomini d'affari assicurandosi così il sostentamento dei suoi familiari. Nel 1602 uscì la sua prima raccolta di poesie, *Poëmata*, e poco dopo il *Parthenicôn*.

Westonia morì a Praga il 23 novembre 1612 per le conseguenze di numerosi parti difficili e fu sepolta a Mala Straná, nel monastero agostiniano della chiesa di San Tommaso. Qui, in fondo a un passaggio che conduce al chiostro, accessibile dalla porta a sinistra della navata principale della chiesa, è posta una lapide di pietra sulla cui superficie consumata si può ancora leggere il suo nome.

Osannata dai contemporanei che la definirono un "Ovidio al femminile" o la "decima musa", oggi Westonia è nota solo a qualche esperto di letteratura umanistica latina.

La stessa sorte è toccata alla chiesa di San Tommaso, dimenticata dai più anche se contiene pregevoli copie di due dipinti di Rubens e di opere di Karel Škréta.

Indirizzo Josefská 8, 118 00 Praha 1; www.augustiniani.cz | **Come arrivare** Malostranské náměstí (tram 12, 15, 20, 22), poi lungo la Letenská e a sinistra sulla Josefská | **Orari** La messa viene celebrata ogni domenica alle 9:30 e alle 18 in ceco; alle 11 in inglese e alle 12:30 in spagnolo | **Un suggerimento** Concedetevi un buon caffè o una limonata fatta in casa al Café Soda, Míšeňská 3, in un tipico cortile di Mala Straná. I mobili di vari colori, i fiori e le biciclette appoggiate al muro creano un'atmosfera intima e accogliente.

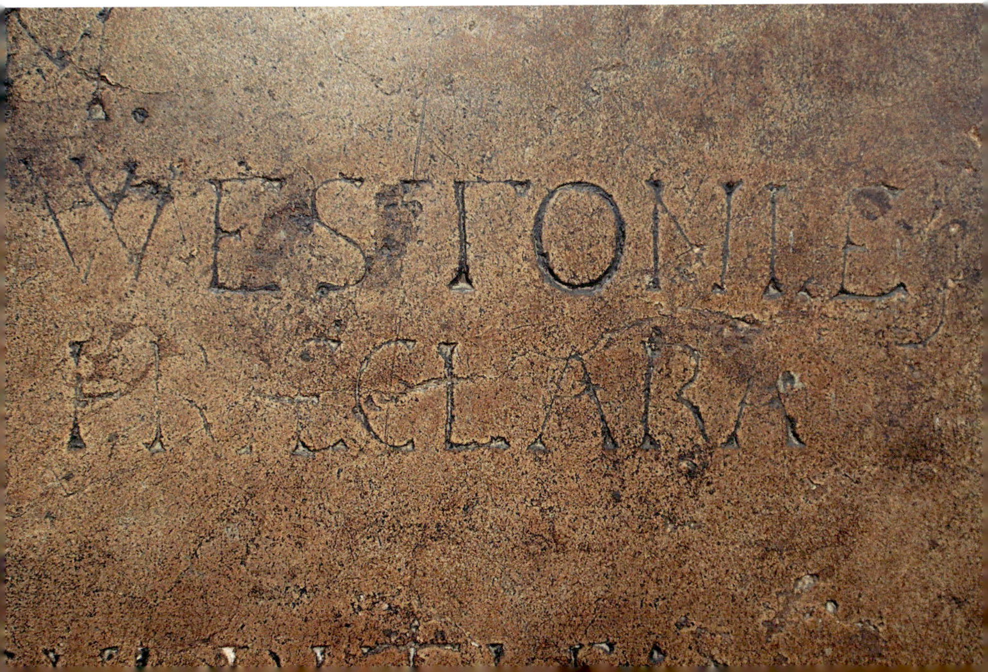

100_Toulcův dvůr

Una fattoria ecologica in mezzo al cemento

Giunti a Toulcův dvůr, è probabile che vi augurerete di essere miopi: se tutti i palazzoni in cemento che ci sono intorno scomparissero per incanto, ci si potrebbe abbandonare all'illusione di essere in una grande fattoria in aperta campagna. Eppure, malgrado l'urbanizzazione comunista, Toulcův dvůr è un'oasi naturale all'interno della città.

Il Centro per l'Educazione ambientale occupa una superficie di dieci ettari. La storica fattoria è stata attentamente restaurata e insieme agli annessi edifici agricoli confina con una vasta area naturale che comprende boschi, campi, prati, frutteti e pascoli. C'è perfino una pianura alluvionale, che periodicamente ogni primavera si allaga e d'estate torna nuovamente praticabile: un vero biotopo!

Ci sono interessanti tavole informative, ma solo in ceco, quindi vi consigliamo di seguire la visita guidata in inglese. Così sarete informati del "Progetto Arca di Noè", che cerca di salvare dall'estinzione alcune razze originarie boeme di animali da allevamento, come le pecore wallachiane, i pony *hucul* o la mucca rossa ceca.

Oltre a questi, in giro ci sono molti altri animali come oche, galline e conigli, che rendono Toulcův dvůr un'attrazione a misura di bambino. Per questo, spesso, le scolaresche vengono qui da tutta Praga ed è stato aperto addirittura un asilo direttamente sul posto, dove i bambini possono giocare con la terra e imparare che le mucche non sono lilla.

Questo però non significa che gli adulti siano esclusi: a Toulcův dvůr si tengono regolarmente fiere annuali, sfilate di carnevale, mercatini bio e altre attività stagionali. Ci sono anche un negozio, un ristorante – dove tutto è rigorosamente biologico – e una piccola biblioteca.

Se al mattino preferite essere svegliati dal canto del gallo potete alloggiare in uno degli ostelli più originali di Praga, in cui la camera singola al momento costa incredibilmente solo 350 corone a notte, circa 14 euro.

Indirizzo Kubatova 32/1, 102 00 Praha 10, www.toulcuvdvur.cz | **Come arrivare** Skalka (metro A) oppure Opatov (metro C) in entrambi i casi proseguire con il bus 177 fino a Toulcův dvůr | **Orari** Fattoria e oasi naturale: tutti i giorni 8-18 | **Un suggerimento** Vale la pena visitare anche quel che resta del villaggio di Stará Hostivař dopo le demolizioni degli anni Settanta. Sono particolarmente affascinanti lo spiazzo erboso, la chiesa, le vie Selská, Domkářská, Mezi Potoky, Chalupnická, Kubatova e Přibíkova e anche il ruscello Botič, tra Kozinovo náměstí e K Horkám.

101_I traghetti

Romantici percorsi all'aperto

Un proverbio ceco dice che il mondo si vede meglio stando a cavallo, ma a Praga questi animali hanno una concorrenza spietata: gli innumerevoli mezzi di trasporto che circolano sulla Moldava, offrendo vedute mozzafiato.

In alternativa al vaporetto, i turisti hanno a disposizione anche sette traghetti. Non offrono prelibatezze gastronomiche e la traversata dura solo pochi minuti, ma sono mezzi di trasporto pubblico e il biglietto costa una sciocchezza. La loro gestione è affidata a privati e forse per questo durante il fine settimana, nelle ore di punta e con il bel tempo, vanno avanti e indietro senza sosta e senza rispettare gli orari indicati.

Le imbarcazioni offrono diversi livelli di comfort, dalle barchette con rigide panche di legno a imbarcazioni più grandi e moderne dove potrete accomodarvi su morbidi divani. Anche dal punto di vista del paesaggio i percorsi sono diversi.

Dai traghetti 1 e 2 potrete osservare le zone rocciose a nord della città, poi scendere e superare i confini metropolitani, continuando a seguire il corso del fiume a piedi o in bici. Le linee 3, 5 e 7 restano invece all'interno della città, in particolare la 5, che collega Smíchov, Výtoň e l'isola Císařská louka, offre immagini da cartolina del Castello di Praga, di Vyšehrad e dello storico argine di Rašín. Interessante è anche la nuova linea 7 tra i quartieri di Holešovice e Karlín. Superato il mercato coperto di Holešovice potrete ammirare il castello da una prospettiva insolita.

Durante la settimana anche i viaggiatori cambiano: sabato e domenica ci sono soprattutto gitanti e ciclisti, gli altri giorni chi va e chi torna dal lavoro. Il traghetto è per molti una scorciatoia per raggiungere il posto di lavoro, ma è anche un modo per chiacchierare con i traghettatori: infatti a differenza degli autisti dei tram, chi guida i traghetti fa sempre lo stesso percorso e scambia volentieri qualche parola con i viaggiatori abituali.

Indirizzo I traghetti delle linee 1 e 2 viaggiano tutto l'anno; le linee 3, 5, 6 e 7 sono in servizio da aprile a fine ottobre, per gli orari e altre informazioni potete consultare www.ropid.cz/en/ferries | **Un suggerimento** Per saperne di più sulla storia della Moldava potete visitare la Dogana di Podskalí, a Rašínovo nábřeží 30. Oltre alla mostra sul trasporto del legname sull'acqua è interessante ammirare anche i graziosi interni arredati con tronchi d'albero.

102 Tre "quarta categoria"

Osterie d'altri tempi in centro

Alla fine degli anni Ottanta, il leggendario gruppo musicale underground Psí vojáci cantava nelle sudice osterie di periferia. Trent'anni dopo potreste ancora restare affascinati da questa cultura "sotterranea", senza neppure dovervi allontanare molto dal centro. Infatti è ancora possibile trovare alcune birrerie che prendono il nome da una vecchia normativa, l'istituzione della IV categoria di prezzi, ovvero la più economica.

Cominciate il vostro giro da U Žaludů: vale la pena visitarla anche solo per le strade in cui è situata, Na Zbořenci e Na Zderaze: entrambe un po' sopraelevate, offrono scorci panoramici spettacolari. Anche nelle ore di punta incontrerete poca gente per la via. Una volta entrati in questa birreria troverete tutto quello che potete aspettarvi da una *quarta categoria:* birra a buon prezzo, avventori dalla forte personalità, un servizio brusco ma efficiente e prezzi che ormai è possibile trovare unicamente fuori Praga.

La seconda fermata del vostro giro invece non la farete certo per visitare i dintorni. È una fermata intermedia. L'unico luogo degno di nota sulla via Charvátova è infatti la birreria U Jelínků. Per alcuni questa non è neppure una *quarta categoria,* ma è certamente una birreria antica, amata anche dallo scrittore Jaroslav Hašek. Diversamente da U Žaludů, la qualità della birra, la Pilsner Urquell, è di una classe superiore. Quello che rende questi due ambienti una *quarta categoria* sono i prezzi contenuti, la mancanza di turisti e la sensazione che il tempo si sia fermato. I maestosi baffi del birraio fanno parte di questo posto tanto quanto il macchinario per spillare la birra.

Simile a quest'ultima è anche la birreria U Rotundy, birraio compreso. Anche qui la birra del giorno prima è diventata sporcizia sui tavoli, quindi siate pronti a mettere in lavatrice tutto quello che indossate appena rientrati a casa, anche perché nella Repubblica Ceca il fumo non è ancora stato vietato nelle birrerie.

Indirizzo U Žaludů: Na Zbořenci 5, 120 00 Praha 2; U Jelínků: Charvátova 1, 110 00 Praha 1; U Rotundy: Karoliny Světlé 17, 110 00 Praha 1 | **Come arrivare** U Žaludů: Jiráskovo náměstí (tram 5, 17), poi a piedi lungo le vie Záhořanského e Na Zderaze; U Jelínků: Národní třída (metro B oppure tram 2, 9, 18, 22), poi percorrete le vie Purkyňova e Vladislavova fino alla Charvátova; U Rotundy: Národní Divadlo (tram 2, 9, 18, 22), dirigetevi verso Smetanovo nábřeží poi a sinistra in cima alle scalette fino a Divadelní, poi verso Krocínova e Karoliny Světlé | **Orari** U Žaludů: lun-ven 10:30- 23, sab-dom 11-23; U Jelínků: lun-ven 10-22, sab-dom 10-18; U Rotundy: lun-ven 10-22, sab-dom 11-23 | **Un suggerimento** Dopo le 23 per trovare una birra potete andare al ristorante U Kotvy all'angolo tra la Spálená e Lazarská. Grazie alla vicinanza alle fermate dei tram notturni e all'orario di apertura prolungato questo locale è diventato la meta preferita di molti nottambuli della città.

103 Il tunnel acquatico

Ritorno alle radici

Tutti conoscono il ponte Carlo, ma pochi sanno che il simbolo di Praga nasconde un tunnel acquatico lungo centoventi metri. Se affittate una barca potrete passare non solo sotto una delle arcate del ponte, ma anche sotto la volta romanica del suo predecessore del XII secolo: il ponte di Giuditta.

Osservandolo dalla Křižovnické náměstí sembra che il ponte Carlo inizi dalla torre. Invece la piazza copre un'arcata dove scorre un braccio della Moldava, utilizzato in passato come canale per i mulini della Città Vecchia, dove oggi c'è il ponte pedonale Novotného lávka. Quando nell'Ottocento fu installata la statua di Carlo IV, fu costruito anche un molo e l'ultima arcata rimasta del Ponte di Giuditta venne interrata. La piazza fu allargata e nacque anche il tunnel acquatico di cui vi parlavamo.

Per arrivarci bisogna attraversare un portone di ferro vicino alla chiesa di San Francesco d'Assisi. Una dritta per voi: nel tunnel c'è l'approdo del noleggio barche Pražské Benátky. Appena vi avvicinerete al portone, un "promoter" in costume da marinaio vi rimbambirà di chiacchiere. Probabilmente per questo il tunnel acquatico è poco frequentato dai praghesi, che fiutano la trappola turistica e per evitare di essere derubati scappano verso la piazza sempre affollata di gente.

Comunque una gita sull'acqua all'interno del tunnel ha il suo fascino. Le pietre umide del Ponte di Giuditta trasudano storia e dalla barca potrete ammirare il ponte Carlo da un'angolazione insolita avendo un'ottima vista di Malá Strana e del Castello. La scelta è tra un pedalò, da affittare presso il vicino Klub Lávka, o una delle barche di Pražské Benátky. Anche se la qualità delle spiegazioni lascia spesso a desiderare, almeno il biglietto è valido anche per il museo del ponte Carlo. Al piano sotterraneo di quest'ultimo lasciatevi incantare dalla parte inferiore della chiesa di San Francesco d'Assisi e dalla pietra angolare del Ponte di Giuditta.

Indirizzo Křižovnické náměstí, 110 00 Praha 1, Klub Lávka: Novotného lávka 1, www.lavka.cz; Museo Karlova Mostu: www.muzeumkarlovamostu.cz | **Come arrivare** Staroměstská (metro A); Karlovy lázně (tram 2, 17, 18) | **Orari** Le escursioni di Pražské Benátky partono ogni 15-20 minuti dalle 10:30 alle 18 a seconda della stagione | **Un suggerimento** Il rilievo in pietra che raffigura un uomo barbuto di nome Bradáč serviva nel Medioevo per misurare l'altezza del fiume. Se l'acqua raggiungeva la barba, era tempo di evacuare la Città Vecchia. Bradáč si trova ora sul molo di Křižovnické náměstí, dove fu spostato nel XIX secolo. Oggi ne è stata messa una copia nel luogo in cui si trovava in origine, un pilone del Ponte di Giuditta, a destra vicino alle scale che portano all'approdo delle barche di Pražské Benátky.

104_Il tunnel

Prova di coraggio tra Žižkov e Karlín

Dopo una buona grappa all'osteria di Tachovské náměstí respirate a fondo e incamminatevi nel sottopasso di oltre trecento metri tra Žižkov e Karlín.

Negli ultimi anni il tunnel è molto più sicuro, tanto che ormai non c'è nulla da temere, almeno di giorno. Eppure i tratti bui con le insignificanti mattonelle di ceramica gialla e grigia e le luci fioche sul soffitto danno ancora i brividi. Due passi e già non si sente più il frastuono della città, il silenzio è interrotto solo dal suono inquietante di chi cammina davanti o dietro di voi. Non si vede nemmeno la luce in fondo al tunnel perché la strada è un po' in salita. Una location molto richiesta per i film sulla droga.

C'è da dire che questo tunnel per bici e pedoni è stato costruito con le migliori intenzioni. Nel 1953 serviva per abbreviare il percorso degli operai che abitavano a Žižkov, quartiere molto popoloso, e dovevano raggiungere Karlín, la zona in cui si trovavano le fabbriche. I lavoratori passavano sopra la collina di Vitkov oppure prendevano il tram, comunque impiegavano mezz'ora buona per arrivare. Invece, attraversando il tunnel bastano pochi minuti per raggiungere l'altro lato. Al ritorno certo, c'era da fare una bella sfacchinata perché il percorso è in salita; proprio per via di questo otto percento di pendenza, siate prudenti perché le bici sfrecciano come fulmini.

Uscendo a Karlín fate attenzione alle porte: conducono in un intricato labirinto di corridoi e stanze che dovevano servire come rifugio antiatomico nel periodo della Guerra Fredda. Rifornito di acqua ed energia permetteva fino a 72 ore di sopravvivenza a oltre 1.250 persone. Il comune lo ha conservato com'era per utilizzarlo in caso di catastrofe, per questo non è possibile visitarlo. La luce del giorno già vi abbaglia: siete fuori dal tunnel.

Be', adesso ci starebbe bene una seconda grappa, come vuole la tradizione: prima bevi per farti coraggio, poi brindi perché ce l'hai fatta.

Indirizzo Ingresso dal lato di Žižkov: Tachovské náměstí, 130 00 Praha 3; ingresso dal lato di Karlín: Thámova, 186 00 Praha 8 | **Come arrivare** Florenc (metro C) poi Tachovské náměstí (bus 133, 207); oppure Křižíkova (metro B) poi a piedi lungo la Thámova | **Un suggerimento** Non lontano dall'ingresso di Žižkov c'è la collina di Vitkov, dove si trova un enorme monumento funzionalista, che in passato è stato anche il mausoleo del primo presidente comunista, Klement Gottwald. I giganteschi spazi bui che odorano di muffa oggi sono utilizzati per le mostre. C'è anche una colossale statua equestre del generale ussita Jan Žižka, una caffetteria e una meravigliosa vista della città.

105 Il velodromo

Fascino rétro a Třebešín

Non siete degli appassionati di ciclismo su pista e trovate noiosa la sola idea di correre sempre in cerchio? Fate un piccolo sforzo e vi ricrederete: il velodromo più antico della Repubblica Ceca vi farà cambiare idea.

L'ovale all'aperto, un po' malandato ma ancora funzionante, emana un fascino che è difficile descrivere. Forse perché non è stato costruito da un club ufficiale, ma da biker per i quali correre su una bicicletta senza freni significa soprattutto poter raggiungere velocità incredibili.

Su questo circuito si disputa la gara ciclistica su pista più antica del mondo dopo il Grand Prix de Paris: la Framar. Questa corsa venne organizzata per la prima volta nel 1938 da František Martínek, proprietario di una fabbrica di vernici, grande appassionato di ciclismo e cinque volte vincitore del trofeo. Inizialmente la competizione si disputava su strada nel distretto di Pankrác, tre anni dopo fu trasferita sul circuito di Třebešín, costruito dall'ingegnere Josef Šídlo, lui stesso ciclista, in soli quattro mesi con l'aiuto degli amici: 412 metri di lunghezza e curve moderate. Le sue capacità tecniche tuttavia non si dimostrarono in grado di far fronte all'entusiasmo degli appassionati, e dopo qualche anno la pista era quasi distrutta. In seguito fu ricostruita e accorciata a 333 metri con un'inclinazione di 34 gradi nelle curve. Oltre alla Framar, qui si svolge anche il campionato ceco di ciclismo.

Oggi l'area intorno al velodromo è un po' trascurata. L'edificio che ospitava l'hotel e gli ambienti riservati ai piloti ha un aspetto fatiscente e attende da anni di essere restaurato. Il sottopassaggio che conduce al prato, dove un tempo si tenevano le corse dei levrieri, è praticamente inagibile e l'intera proprietà è zeppa di erbacce e cespugli. Questo dà alla struttura un carattere *shabby chic* e ricorda i tempi in cui lo sport non era dominato dai club di professionisti, ma da veri sportivi.

Indirizzo Nad Kapličkou 15, 100 00 Praha 10 | Come arrivare Florenc (metro B, C) poi Třebešín (autobus 133), proseguire sulla K Červenému dvoru e Na Třebešíně | Orari Nel velodromo si allenano i membri del centro sportivo giovanile Kovo; le gare sono aperte al pubblico. Il programma si trova su www.kovopraha.cz. | Un suggerimento Non lontano dal velodromo ci sono alcuni interessanti edifici di famosi personaggi locali. La Villa Slunečná è stata costruita negli anni Sessanta dall'architetto Jiří Siegl per il cantante Karel Gott. Nella residenza tardo funzionalista di via Na Třebešíně 16 abitava lo scrittore František Kožík, mentre l'attore Jaroslav Marvan viveva al n. 1 di K Červenému dvoru.

106_Větrník

L'unico mulino a vento rimasto a Praga

Quando un abitante di Praga sente la parola *větrník* (il nostro profiterole) pensa prima di tutto al famoso dessert e subito dopo al quartiere studentesco tra Břevnov e Petřiny. Pochi sanno che un tempo il termine significava anche "mulino a vento", come quello che si trova tuttora a Břevnov.

L'incantevole edificio, fedele restauro dell'originale, conserva la sua forma cilindrica pur essendo privo delle caratteristiche pale, poiché già prima della fine dell'Ottocento non assolveva più alle sue funzioni originarie.

Il mulino fu probabilmente costruito nel 1722 da Kilian Ignaz Dientzenhofer, quindi è uno dei più antichi tra quelli presenti nella Repubblica Ceca. La sua storia, tuttavia, risale a un passato più lontano: varie incisioni confermano infatti la presenza di un mulino di legno nel luogo che attualmente appartiene al monastero di Břevnov. Il mulino non serviva solo a macinare la farina, ma riforniva anche una segheria e prelevava dal pozzo l'acqua necessaria per irrigare i frutteti del monastero. Il pozzo è ancora in funzione e la sua acqua è sufficiente per il fabbisogno della pensione che nel frattempo è stata aperta nel mulino. La pensione è gestita dagli Opatrný, discendenti del restauratore Josef Černohorský, che nel 1899 acquistò il Větrník e lo trasformò in un ristorante.

Il periodo d'oro del locale terminò nel 1929 con la morte del proprietario, la cui famiglia utilizzò la struttura come residenza di lusso. La situazione cambiò radicalmente con l'avvento dei comunisti al potere quando, contro la volontà dei proprietari, i "compagni" vi installarono degli inquilini che fecero modifiche assai poco adatte alla struttura. Per invertire questa tendenza e valorizzare l'intera area, gli Opatrný gestiscono la suddetta pensione in una parte del complesso; nel 2013 hanno aperto un ristorante che sta avendo molto successo. Qui, tra le altre leccornie, potrete gustare anche un ottimo *větrník*.

Indirizzo U Větrníku 40/1, 162 00 Praha 6, www.restauracevetrnik.cz | **Come arrivare** Hradčanská (metro A) poi Větrník (tram 1, 2), di qui imboccate la Ankarská e Za Zahradou | **Orari** Tutti i giorni 11-22 | **Un suggerimento** Proseguendo in tram per una sola fermata, sulla destra della strada principale si trova un complesso residenziale progettato dall'architetto Vlado Milunić, co-creatore della famosa Casa Danzante. Passeggiando da queste parti ci si rende conto di quanto sarebbe più bella Praga se esistesse un'unità stilistica tra i vari complessi abitativi.

107_Villa Rothmayer

Sulle orme di Josef Sudek

La villa dell'architetto Otto Rothmayer è inestricabilmente legata al suo giardino, che l'amico Josef Sudek chiamava il "piccolo giardino incantato". Qui Sudek ha scattato le sue famose nature morte con alberi, tronchi e sedie bianche e dopo molti anni l'incanto perdura ancora oggi. Anche se non è grandissimo, il giardino racchiude molti angoli romantici e intimi. Il figlio di Rothmayer ha venduto la tenuta alla città, che l'ha fatta rimettere a posto e aperta al pubblico nel 2015.

Rothmayer lavorava in stretta collaborazione con l'architetto sloveno Josip Plečnik, che era stato invitato dall'allora presidente Tomáš Garrigue Masaryk a restaurare il Castello di Praga, ridotto in pessime condizioni. Quando nel 1921 Plečnik tornò a Lubiana lasciando i lavori a metà, gli subentrò Rothmayer che continuò da solo anche il restauro.

Nel 1929 progettò una villa per la propria famiglia prendendo ispirazione dai disegni di Plečnik: la casa a base rettangolare con annesso un cilindro che contiene la scala a chiocciola è stata concepita come residenza di campagna in mezzo ai terreni coltivati.

Oggi la villa è circondata da altri edifici, ma l'arredamento interno ha conservato lo stile semplice della casa di campagna. Lo spazio principale è occupato dalla cucina, che profuma di legno – Rothmayer proveniva da una famiglia di falegnami e ha costruito da solo quasi tutti i mobili presenti nell'abitazione. Anche il forno e i libri sono originali, il che acuisce la sensazione che i proprietari continuino ad abitare qui.

C'è solo una cosa che purtroppo è andata perduta: Rothmayer era un appassionato collezionista di vasi, bottigliette e quadretti con cui aveva riempito la sua stanza fino all'inverosimile. Insieme al giardino erano questi gli oggetti che Sudek fotografava volentieri, ma non ne è rimasto quasi nulla. Invece nel giardino è tutto come una volta, compresi gli angoli che valgono una bella foto.

Indirizzo U Pátė baterie 896/50, 160 00 Praha 6 | **Come arrivare** Vojenská nemocnice (tram 1, 2) | **Orari** Mar, gio, sab, dom visite guidate alle 10, 12, 14 e 16 previa prenotazione sul sito www.muzeumprahy.cz/rothmayerova-vila | **Un suggerimento** Se volete capire meglio il concetto di lusso nel periodo tra le due guerre, vale la pena visitare la vicina Villa Müller a Nad Hradním vodojemem 14/642. Era la sede di rappresentanza di questo imprenditore edile e venne progettata da uno dei maggiori architetti del tempo, Adolf Loos.

108_ Villa Štvanice

Un'oasi sull'isola triste

Se chiedete a uno degli attori che trovate al bar che cosa c'era una volta in questa villa, quello risponderà facendo spallucce: "un'alluvione". Affermazione tanto sibillina quanto eloquente. La storia di questo interessante palazzo classicista è in gran parte sconosciuta. Pochi sanno infatti che i danni ancora visibili sul soffitto e sulle pareti dell'edificio sono la conseguenza delle due grandi inondazioni che hanno devastato Praga nel nuovo millennio.

La prima, e più grave, del 2002 ha cacciato l'ultimo inquilino della villa che da allora è rimasta disabitata. Nel 2013, un gruppo di attori ha trovato su internet un elenco dei beni architettonici che rischiavano di scomparire e ha deciso di organizzare qui una performance interattiva sul Golem.

Gli artisti si sono innamorati della villa e l'hanno presa in affitto dal comune per cinque anni. Al momento ci sono tre ensemble teatrali, ognuno specializzato in generi diversi, ma tutti con una predilezione per l'originalità.

Oltre al grande auditorium con sessanta posti a sedere, ci sono le sale prove e il simpatico caffè gestito dagli attori, che sono riusciti a creare un'oasi culturale a poca distanza dal centro di Praga. A parte la villa, la zona non offre molte attrattive se non i campi da tennis e lo skatepark, che a quanto pare è uno dei migliori in Europa. La seconda isola più grande di Praga ha un'aria triste e desolata, con aree verdi poco curate, un parco ciclabile che cade a pezzi e i resti del famoso stadio invernale demolito nel 2011.

Ma non è sempre stato così: un tempo la zona era meta delle gite dei praghesi che venivano qui per rilassarsi e fare due chiacchiere. Dopo il 1989 furono elaborati dei progetti per ridare vita all'isola, ma nessuno è stato realizzato.

La storia di Villa Štvanice è anche una lezione sull'importanza dell'entusiasmo e dell'iniziativa privata, che supplisce in parte alla mancanza di un'efficiente pianificazione urbana.

Indirizzo Ostrov Štvanice 858, 170 00 Praha 7, www.vilastvanice.cz | **Come arrivare** Florenc (metro B, C) poi attraversate la Ke Štvanici e proseguite sullo Hlávkův most, da qui scendete le scale e prendete la via sotto al ponte | **Orari** Il caffè apre alle 14 (mer-dom) oppure un'ora prima dell'inizio dello spettacolo | **Un suggerimento** Sulla punta dell'isola si trova una centrale elettrica in stile art nouveau del 1913. Da questo lato se ne può ammirare il maestoso ingresso a vetri e parte della turbina collocata su una piattaforma sull'acqua. La torre a cupola d'ispirazione francese è ben visibile dalla vicina Nábřeží Ludvíka Ludvobody.

109 I villaggi boemi

Romantiche vestigia del tempo che fu

Come molte altre metropoli europee, dopo la rivoluzione industriale anche Praga ha conosciuto un rapido e intenso sviluppo. Man mano che la città si espandeva i piccoli villaggi circostanti si sono integrati senza sforzo nel tessuto urbano, anche se in alcuni punti conservano ancora oggi il loro carattere originario. Si tratta per lo più di brevi tratti di strada o di angoli nascosti, nei quali tuttavia si respira un'atmosfera unica e inconfondibile.

Forse l'esempio più suggestivo è costituito dalle case nei pressi della Na Kocourkách a Střešovice. La loro costruzione coincide presumibilmente con il periodo di massimo splendore del monastero di Strahov, tra Settecento e Ottocento, quando i monaci assegnarono ai propri dipendenti i terreni di arenaria su cui le case sembrano letteralmente incollate. Fatevi un selfie sulla panchina del parco: tutti crederanno che abbiate trascorso le vacanze al mare. In origine, l'area era molto più grande; oggi purtroppo molte case sono state sostituite da nuovi edifici.

Fate una passeggiata per le pittoresche viuzze di Na Zástřelu e K Bateriím e cercate di ignorare i tre prefabbricati di via Ve Střešovičkách.

Poco più in là si trovano i resti pittoreschi di un altro villaggio. Sulla Staré Střešovice prendete Pod Andělkou, poi svoltate a destra sulla Sibeliova e a sinistra in Nad Hradním Vodojemem. Anche se qui l'architettura diventa man mano più eterogenea, punteggiata da edifici nuovi, il contrasto tra il quartiere povero di un tempo e le sontuose ville sull'altro lato dei binari è ancora inconfondibile. Su questa strada si trova anche l'ingresso della celebre Villa Müller progettata da Adolf Loos nel 1930.

Dalla fermata Baterie qualsiasi tram vi porterà alla Vozovna Střešovice, in cui potrete prendere il 22 o il 25 e scendere a Drinopol. Qui lungo le strade Za Strahovem e Nad Tejnkou si trova un altro "villaggio in città", meno noto ma altrettanto romantico.

Indirizzo Punti di partenza: Na Kocourkách e Nad Tejnkou, 169 00 Praha 6 | **Come arrivare** Hradčanská (metro A), poi Kajetánka (autobus 184) e salite in alto sulle strade Radimova, Na Zástřelu e Ve Střešovičkách | **Un suggerimento** Se da Břevnov vi dirigete verso il centro città e scendete alla fermata Marjánka, al n. 26 della Bělohorská troverete il caffè Moje Kredenc. Probabilmente sarà pieno come un uovo; concedetevi un caffè e una fetta di torta e capirete perché.

110_ Le ville lussuose

Quando il fango diventa lusso

Quando si trasferì a Vinohrady nel 1924, Karel Čapek definì il quartiere "sobborgo fangoso". Oggi una simile affermazione fa quantomeno sorridere perché stiamo parlando di una delle zone più quotate della città. Il quartiere di ville tra Vinohrady e Vršovice è una gioia per gli occhi di ogni appassionato di architettura. Qui inoltre hanno vissuto molti artisti dei primi del Novecento.

Iniziate la vostra passeggiata da Bratří Čapků 28/30, dove l'architetto Ladislav Machoň costruì una villetta bifamiliare per lo scrittore Karel Čapek e il suo non meno famoso fratello Josef. Potete riconoscere questo semplice edificio coperto di edera dalla stele con l'immagine dei due fratelli. A sinistra abitava Josef, mentre all'ingresso di destra trovate ancora sul campanello la scritta "Dr. Karel Čapek".

Percorrendo le vie Vlašimská e Benešovská si raggiunge la tranquilla Hradešínská, che offre uno straordinario panorama della città. Fermatevi un attimo al civico 32, dove abitava l'architetto František Albert Libra. Tra il 1921 e il 1924 progettò sedici case unifamiliari e diciassette ville bifamiliari tra Hradešínská e Na Šafránce, dandogli il nome di Colonia Svoboda. Le case di Libra si riconoscono dal frontone triangolare, dalle cornici ben definite delle finestre e dal colore giallo ocra.

Completamente diversa è invece la villa dell'architetto Jan Kotěra a Hradešínská 6: l'edificio rigidamente geometrico ha davanti una torre squadrata al cui interno c'è la tromba delle scale. È reso gradevole dall'arco che incornicia l'ingresso.

Infine in via Slovenská 4 potete ammirare la villa e l'atelier in stile liberty dell'architetto Ladislav Šaloun, che probabilmente organizzava sedute spiritiche nella sua cantina. Qui realizzò il monumento a Jan Hus che si trova nella piazza della Città Vecchia. Oggi la villa costruita nel 1912 è sede dell'Accademia d'arte ed è aperta al pubblico una volta l'anno per le Giornate del patrimonio europeo.

Indirizzo Partenza da Ulice Bratří Čapků 28/30, 100 00 Praha 10 | **Come arrivare** Orionka (tram 10, 16), poi a piedi lungo le vie Korunní, Šrobárova e Vlašimská fino a Bratří Čapků | **Un suggerimento** La città ha acquistato la metà destra della villetta a Bratří Čapků 28, quella dove viveva Karel Čapek, per renderla disponibile al pubblico. Per ora è possibile accedere al sito www.praha10.cz/capek e visitare virtualmente gli interni, compresi lo studio di Čapek e la stanza in cui si riunivano a discutere gli intellettuali del famoso Circolo del venerdì.

111_VýLetná

Oltre il tennis

Nel 1904 alcuni studenti di legge fondarono sulla collina di Letná il famoso Lawn Tennis Club Praha, che ben presto divenne uno dei preferiti dell'alta società.

Un tempo qui si incontravano tutti: dai figli del primo presidente della Cecoslovacchia, Jan e Olga Masaryk, al presidente del comitato olimpico Jiří Stanislav Guth-Jarkovský, al principe Carlo I di Schwarzenberg, padre dell'omonimo politico. Ci si allenavano anche i professionisti, come Tomáš Šmíd che nel 1980 faceva parte della squadra vincitrice della Coppa Davis.

Storie di ieri. Prima della Rivoluzione di velluto il circolo era ancora in attività – anche se con vari nomi e non sempre rispettoso della legge – ma dopo il 1989 scoppiò una disputa, tuttora irrisolta, intorno alla sua malandata sede. Anche se rientra tra i monumenti sotto tutela, la rovina della struttura costruita nel 1926 su progetto di Bohumír Kozák sembrava inevitabile.

Eppure dal 2014 la salvezza è sempre più vicina: il sito è stato rilevato dall'associazione Alternativa II, che tenta di salvarlo con l'aiuto di volontari, autofinanziamenti, serie di manifestazioni per la raccolta fondi e gli incassi derivanti dal campo di *paintball* creato nella palestra adiacente.

Sarebbe bello: l'edificio di assi scure e finestre bianche profuma di legno. Sul lato sinistro sono stati ripristinati quattro campi da tennis all'aperto e le tribune. Ci sono spogliatoi per cambiarsi e armadietti originali in cui riporre le proprie cose. Dopo aver giocato, l'ideale è andare a mangiare nel salone; d'estate si sta benissimo seduti sotto la tettoia della terrazza. Il resto aspetta ancora di essere restaurato.

Se amate giocare a tennis, avete una passione per gli edifici storici e le passeggiate nel parco, allora VýLetná vale sicuramente la visita. In questa atmosfera piacevolmente alternativa avrete anche la gradevole sensazione di contribuire a riportare in vita questo luogo una volta famoso.

Indirizzo Letenské sady 32, 170 00 Praha 7, www.vyletna.info | **Come arrivare** Letenské náměstí (tram 1, 8, 12, 25, 26) poi attraversare le vie Ovenecká e Muzejní fino all'inizio di Letenské sady | **Orari** Durante la stagione 11-23, anche oltre se richiesto | **Un suggerimento** Parte dei campi da tennis fu sacrificata negli anni Cinquanta per costruire il tunnel di Letná. I suoi camini di areazione sono considerati un'opera d'arte per via del mosaico geometrico del pittore Zdeněk Sýkora. Si trovano proprio vicino all'entrata del parcheggio, di fronte al Museo nazionale dell'agricoltura e della tecnica.

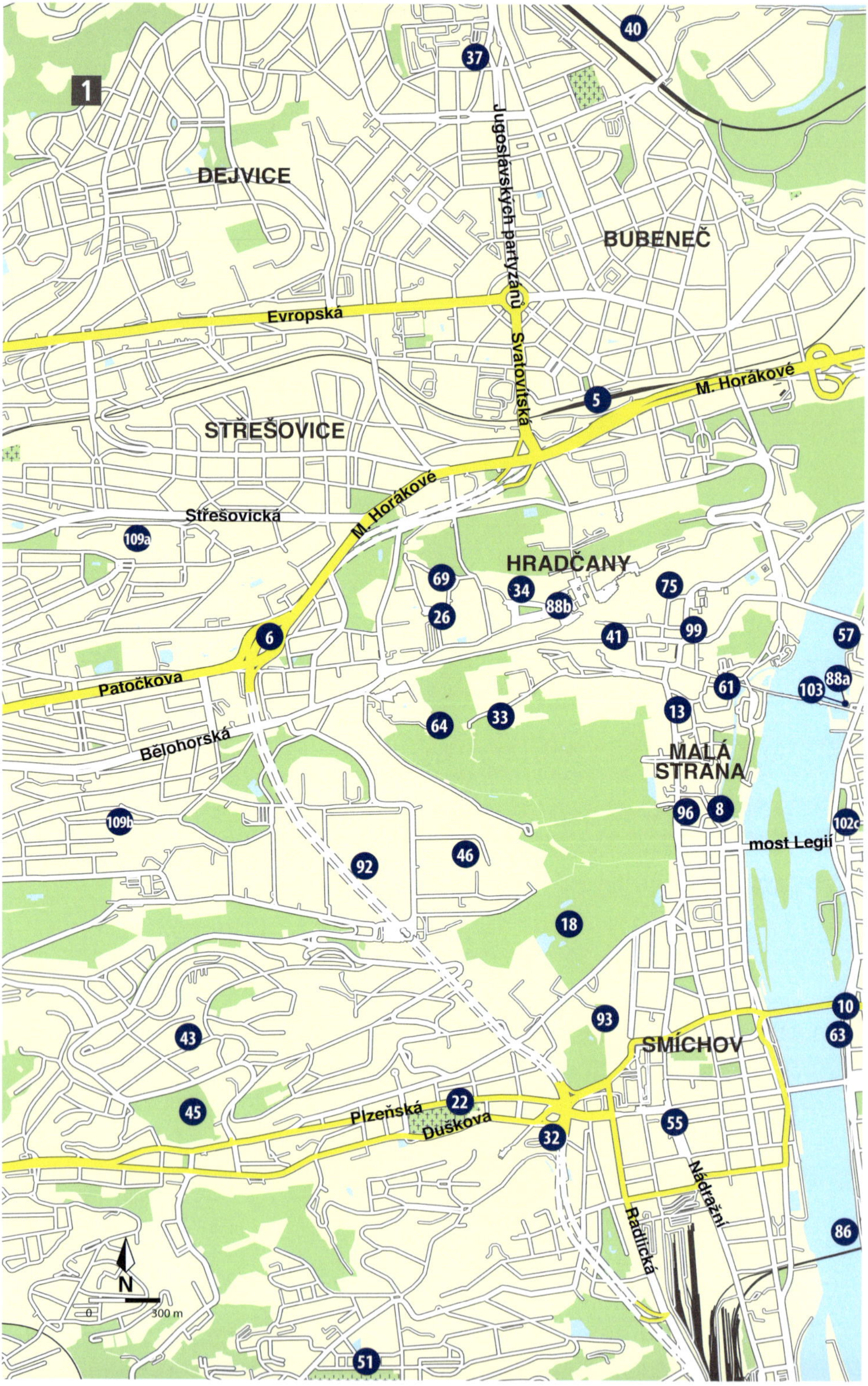
1
DEJVICE
BUBENEČ
STŘEŠOVICE
HRADČANY
MALÁ STRANA
SMÍCHOV
Jugoslávských partyzánů
Evropská
Svatovítská
M. Horákové
Střešovická
Patočkova
Bělohorská
most Legií
Plzeňská
Duškova
Nádražní
Radlická
40
37
5
109a
69
34
88b
75
26
6
41
99
57
61
103
88a
64
33
13
96
8
109b
102c
92
46
18
10
93
63
43
22
45
55
32
86
51
N
0
300 m

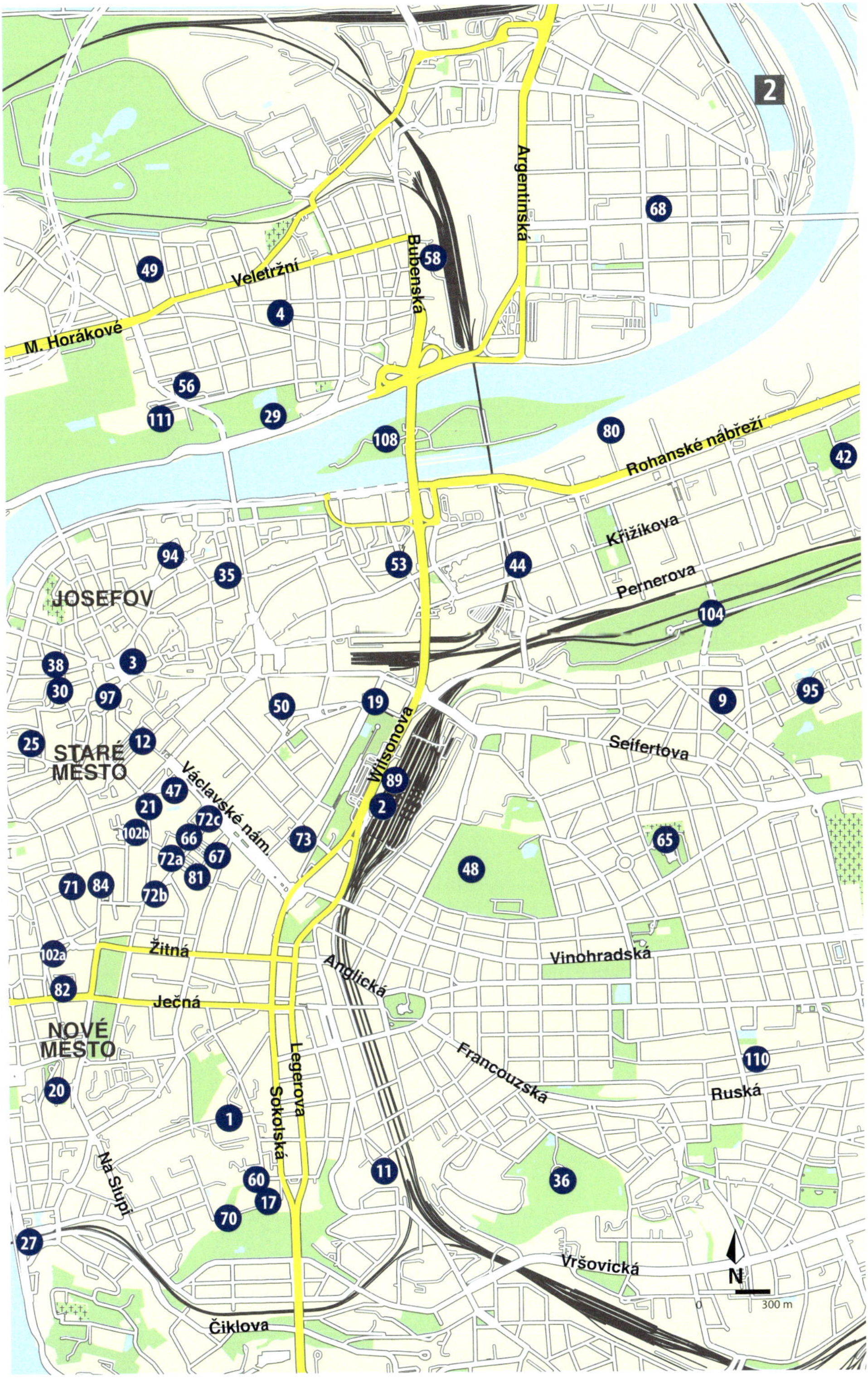
2
Argentinská
Bubenská
Veletržní
M. Horákové
Rohanské nábřeží
Křižíkova
Pernerova
JOSEFOV
STARÉ MĚSTO
Václavské nám.
Wilsonova
Seifertova
Vinohradská
Žitná
Ječná
Anglická
NOVÉ MĚSTO
Legerova
Sokolská
Francouzská
Ruská
Na Slupi
Vršovická
Čiklova
N
0
300 m
68
58
49
4
56
111
29
108
80
42
94
35
53
44
104
38
3
30
97
50
19
9
95
25
12
47
89
2
21
72c
102b
66
73
65
72a
67
48
81
71
84
72b
102a
82
110
20
1
11
36
60
17
70
27

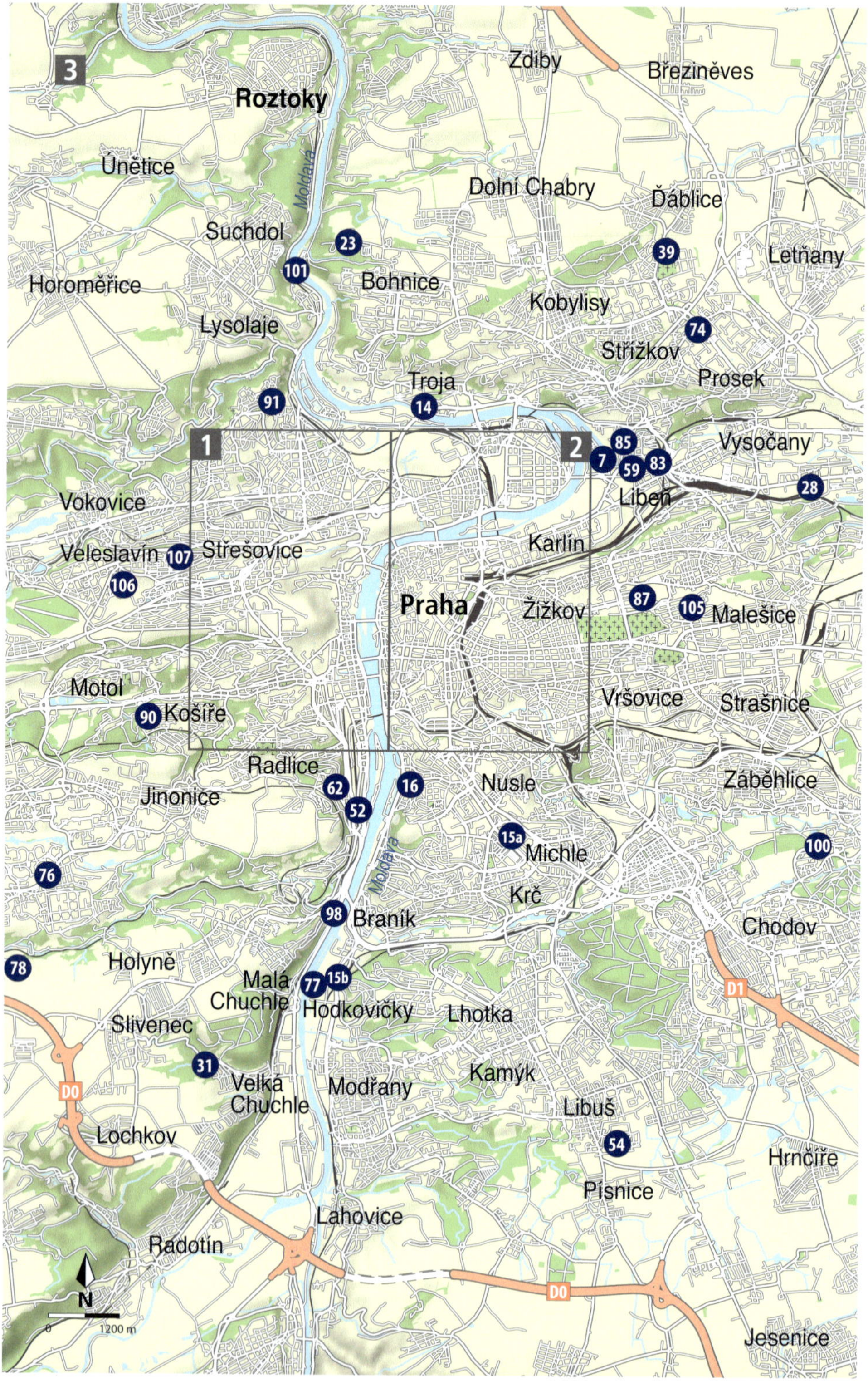
3
Roztoky
Zdiby
Březiněves
Únětice
Moldava
Dolní Chabry
Ďáblice
Suchdol
23
39
Letňany
101
Horoměřice
Bohnice
Kobylisy
Lysolaje
74
Střížkov
Prosek
Troja
91
14
1
2
85
Vysočany
7
59
83
Libeň
28
Vokovice
Karlín
Veleslavín
107
Střešovice
106
Praha
Žižkov
87
105
Malešice
Motol
Vršovice
Strašnice
90
Košíře
Radlice
Nusle
Záběhlice
62
16
Jinonice
52
15a
Michle
100
Moldava
76
Krč
98
Braník
Chodov
78
Holyně
Malá
Chuchle
77
15b
D1
Hodkovičky
Lhotka
Slivenec
31
Kamýk
D0
Velká
Chuchle
Modřany
Libuš
54
Lochkov
Hrnčíře
Písnice
Lahovice
Radotín
N
D0
0
1200 m
Jesenice

Natalino Russo
111 luoghi di Napoli
che devi proprio scoprire
ISBN 978-3-7408-0032-1

Antonio Speciale, Claudia Speciale
111 luoghi di Palermo
che devi proprio scoprire
ISBN 978-3-7408-0368-1

Fabrizio Ardito
111 luoghi di Malta
che devi proprio scoprire
ISBN 978-3-7408-0357-5

Andrea Livnat, Angelika Baumgartner
111 luoghi di Tel Aviv
che devi proprio scoprire
ISBN 978-3-7408-0151-9

Sybil Canac, Renée Grimaud,
Katia Thomas
111 luoghi di Parigi
che devi proprio scoprire
ISBN 978-3-95451-891-3

Giulia Castelli Gattinara
111 luoghi di Firenze
che devi proprio scoprire
ISBN 978-3-95451-930-9

Fabrizio Ardito
111 luoghi dell'Umbria
che devi proprio scoprire
ISBN 978-3-95451-932-3

Dirk Engelhardt
111 luoghi di Barcellona
che devi proprio scoprire
ISBN 978-3-95451-621-6

Rüdiger Liedtke
111 luoghi di Monaco
che devi proprio scoprire
ISBN 978-3-95451-765-7

Halûk Uluhan, Marcus X. Schmid
111 luoghi di Istanbul
che devi proprio scoprire
ISBN 978-3-95451-623-0

Giulia Castelli Gattinara, Mario Verin
111 luoghi di Milano
che devi proprio scoprire
ISBN 978-3-95451-622-3

Thomas Fuchs
111 luoghi di Amsterdam
che devi proprio scoprire
ISBN 978-3-95451-421-2

Lucia Jay von Seldeneck,
Verena Eidel, Carolin Huder
111 luoghi di Berlino
che devi proprio scoprire
ISBN 978-3-95451-472-4

Annett Klingner
111 luoghi di Roma
che devi proprio scoprire
ISBN 978-3-95451-471-7

Beate Giacovelli, Gaetano Adragna
111 luoghi del Lago di Como
che devi proprio scoprire
978-3-7408-0153-3

Maurizio Francesconi,
Alessandro Martini
111 luoghi di Torino
che devi proprio scoprire
978-3-7408-0152-6

Sabine Gruber, Peter Eickhoff
111 luoghi dell'Alto Adige
che devi proprio scoprire
978-3-96041-031-7

John Sykes
111 luoghi di Londra
che devi proprio scoprire
978-3-95451-473-1

Kathleen Becker
111 luoghi di Lisbona
che devi proprio scoprire
978-3-7408-0583-8

Jo-Anne Elikann
111 luoghi di New York
che devi proprio scoprire
ISBN 978-3-95451-650-6

Gerd Wolfgang Sievers
111 luoghi di Venezia
che devi proprio scoprire
ISBN 978-3-95451-624-7

Benjamin Haas, Leonie Friedrich
111 luoghi di Buenos Aires
che devi proprio scoprire
ISBN 978-3-7408-0150-2

Dante Matelli
111 luoghi della Versilia e dintorni
che devi proprio scoprire
ISBN 978-3-7408-0145-8

Peter Eickhoff
111 luoghi di Vienna
che devi proprio scoprire
ISBN 978-3-95451-764-0

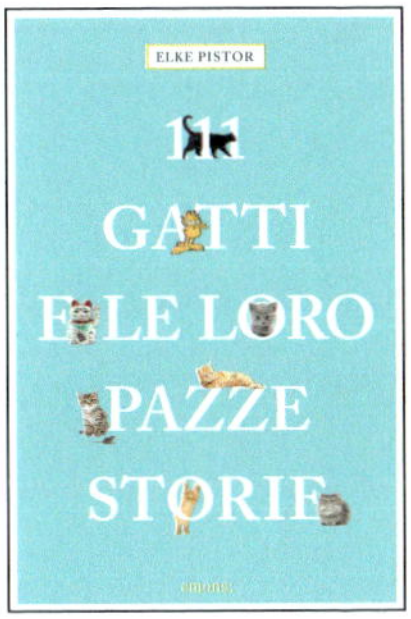

Elke Pistor
111 gatti e le loro pazze storie
ISBN 978-3-7408-0013-0

Maria Teresa Carbone
111 cani e le loro pazze storie
ISBN 978-3-7408-0033-8

Luisanna Messeri
111 ricette italiane
che devi saper cucinare
ISBN 978-3-95451-625-4

Fede & Tinto
111 vini italiani
che devi proprio assaggiare
ISBN 978-3-95451-763-3

Aylie Lonmon
111 negozi di Milano
che devi proprio scoprire
ISBN 978-3-95451-638-4

Ringraziamenti

Un grazie di cuore a Zdeněk Lukeš, Vladimír 518, Alžběta Petřinová, Ladislav Čumba e a tutti gli amici e i collaboratori senza il cui aiuto questa guida sarebbe priva di molti luoghi interessanti.

L'autore

Matěj Černy è nato a Praga e ha trascorso l'infanzia e la giovinezza nell'amato quartiere di Malá Strana. Vero e proprio esploratore della sua città, ha scoperto l'esistenza di molti angoli magici al di fuori dei circuiti turistici. Černy ha studiato giornalismo e comunicazione di massa all'Università Carolina di Praga e ha lavorato per l'organizzazione People in Need che si occupa di diritti umani. Attualmente si guadagna da vivere come copywriter.

Marie Peřinová vive a Praga dal 1998 e si è letteralmente innamorata della città d'oro durante gli studi di giornalismo e scienze politiche. Ama soprattutto i vicoli segreti, il quartiere delle ville e le lunghe passeggiate attraverso i parchi. Peřinová ha lavorato per le ONG People in Need e Open Society Fund, per cui si è occupata di media e diritti umani a livello nazionale e internazionale.